❝ 이 약은 가슴에 난 상처에 특효약이다.

이 약은 부작용이 전혀 없으며

혈액순환까지 바로잡아준다.

이것이야말로 완벽한 약이다.

처방은 이것이다. 최소한 하루 한 번씩

식후 30분이든 식전 30분이든 서로 껴안아라. **❞**

매튜 헨리, 본문(70쪽) 중에서

_____ 님께

행복의 비밀을 선물합니다.

과학자들이 밝혀낸

행복의 비밀 50

이 도서의 국립중앙도서관 출판시도서목록(CIP)은 e-CIP홈페이지(http://www.nl.go.kr/ecip)와
국가자료공동목록시스템(http://www.nl.go.kr/kolisnet)에서 이용하실 수 있습니다.(CIP제어번호: CIP2011002875)

과학자들이 밝혀낸
행복의 비밀 50

초판 1쇄 발행 2011년 7월 30일

지은이 김형자

펴낸이 윤미정
책임편집 조현경

펴낸곳 푸른지식 **출판등록** 제313-2010-231호 2010년 3월 10일
주소 서울특별시 용산구 원효로1가 25 A관 516호
전화 02)312-2656 **팩스** 02)312-2654
이메일 dreams@greenknowledge.co.kr
블로그 http://greenknow.blog.me/

ⓒ 김형자 2011
ISBN 978-89-964315-1-0 03180

과학자들이 밝혀낸

행복의 비밀 50

푸른
지식

행복을 찾아서

우리의 몸과 마음을 탐구하다

인간은 기본적으로 행복을 추구한다. 행복한 삶을 꿈꾸지 않는 사람은 거의 없다. 인간이 살아가는 데 필요한 여러 조건 중에서 단연 행복이 으뜸이다. 자신이 행복하면 가족이 행복하고, 나아가서는 나라 전체가 행복해진다. 하지만 '행복하다'는 것, 참 간단한 말이지만 쉽게 이룰 수는 없다. 사람 사는 세상에서 항상 좋은 일만 있을 수는 없기 때문이다. 단지, 걱정할 일보다 웃을 일이 많다면 그것이 행복이지 않을까 싶다.

'웃는다'는 것은 무엇을 의미할까? '기뻐서 웃는다'와 '웃으니까 기쁘다'라는 표현으로 정의를 내린다면 둘 다 맞는 말이다. 우리는 기뻐서 웃기도 하지만, 웃어서 기분이 좋아질 수도 있기 때문이다.

이 책은 인간이 행복할 때의 몸과 마음의 변화를 추적한다. 세상의 윤리와 도덕이 정한 규칙에 의한 행복이 아니라 진짜 몸과 마음의 행복을 찾아 소개한다. 여기에는 많은 과학자들의 연구 결과가 인용된다. 남에게 보이기 위한 행복이 아닌 우리 몸과 마음의 진짜 행복을 과학적으로 규명해낸 결과들이 당신 앞에 펼쳐지게 될 것이다.

우리의 몸은 실은 마음에 따라 변한다. 몸은 두뇌의 영향권 아래 있기 때문에 마음먹기에 따라 상태가 얼마든지 변할 수 있다. 우리가 즐거움, 행복, 평온함 같은 바람직한 감정을 느낄 때 몸에서는 인체를 건강하게 만드는 엔도르핀이나 세로토닌과 같은 화학물질이 생성된다. 반대로 두려움, 분노, 죄책감, 무력감 등과 같은 부정적인 감정을 느낄 때는 인체를 병들게 하는 노르아드레날린 등의 화학물질이 생성된다. 사람에게 행복한 느낌을 주면서 동시에 합리적인 판단을 하도록 돕는 세로토닌은 사람의 원초적인 생명현상인 배고픔, 분노, 공격성, 성행위 등을 억제하는 작용을 한다. 물론 이런 기본적인 생명현상을 완전히 억제하는 것은 아니고 적당한 수준에서 이성적인 판단을 하도록 돕는다. 따라서 세로토닌이 부족하면 감정이 뇌를 지배하게 되어 뇌는 브레이크가 고장 난 자동차처럼 폭주하게 된다.

세로토닌이 사람의 기분을 좋게 하는 역할을 하는 반면 노르아드레날린은 사람의 마음을 우울하게 한다. 따라서 노르아드레날린이 지나치게 많이 분비되는 사람은 신경질적인 반응을 보이며, 너무 적게 분비되는 사람은 지나치게 냉철해진다.

1960년대에 정신과 전문의들은 인간의 병 가운데 절반 정도가 마음의 병이 원인이 되어 생긴다고 주장했다. 하지만 오늘날에는 그 비중이 60~70퍼센트에 이를 정도로 마음의 병이 많아졌다. 스트레스, 마음의 갈등, 불만, 열등감, 소외감 등이 자율신경을 흥분시켜 코르티솔이라는 호르몬을 과잉 분비케 하여 신경성 병을 일으키고, 6개월이 지나면 실제로 우리 몸의 세포에 기질적 변화를 일으킨다.

인간의 신경은 운동신경과 자율신경이 있는데, 마음의 병은 자율신경의 균형이 깨져서 생긴다. 스트레스를 받으면 자율신경 중 교감신경이 우세해져 우리가 싸움을 할 때 나타나는 모든 현상이 나타난다. 즉 얼굴이 붉어지고, 가슴이 뛰고, 장이나 위 운동이 정지된다. 화가 났을 때 밥을 먹으면 체하는 이유가 여기에 있다.

반대로 평화로울 때는 부교감신경이 우세해진다. 위도 천천히 움직이고, 심장도 천천히 박동하며, 잠도 잘 자고, 행복을 느낀다. 따라서 평온한 마음가짐으로 생활하면 면역력이 강해지고 오래 살 수 있다.

사람들에게 "오래 살고 싶은가?"라고 묻는다면 아마도 "짧고 굵게 살고 싶다"는 사람과 "가족과 함께 오래오래 행복하게 살고 싶다"는 사람으로 나뉠 것이다. 그렇다면 "젊게 살고 싶은가?"라는 질문에는 어떤 대답을 할까? 아마 모두들 "당연하지!"라고 외칠 것이다. 모든 사람은 젊게 살기를 바란다.

'젊은 삶'은 '젊어 보이는 삶'과는 다르다. 피부 노화가 느리게 진행되어 외모가 젊어 보일 뿐만 아니라 병치레를 하지 않고 장기나 뇌에 활력이 넘쳐야 젊은 삶이다. 겉모습이 아무리 어려 보여도 피부가 늙었다면 장기도 늙은 것이다. 눈의 활력 역시 장기의 나이를 고스란히 반영한다. 젊게 오래 살려거든 행복하게 살아야 한다. 낙천적인 마음가짐으로 행복하게 살수록 아프지 않고 젊게 오래 살 수 있다 .

우리의 몸과 마음의 진정한 행복을 위한 여행을 이제 시작해보자. 행복한 삶에는 수많은 과학의 비밀이 숨어 있다. 이제 당신이 깨달을 차례다.

차 례

행복의 비밀 1 : Love

행복의 비밀 2 : Everyday

행복의 비밀 3 : Wisdom

행복의 비밀 1 : Love

1.

체취가 끌리는 사람이 연인이다

사랑하는 사람의 향기를 그리워해본 적이 있는가. 세계를 제패한 나폴레옹은 첫째 부인 조세핀을 열렬히 사랑했다. 전쟁터에서 나폴레옹은 그리움과 사랑이 가득 담긴 수많은 편지를 그녀에게 보냈다. 그 편지 가운데는 다음과 같은 구절이 나온다.

"당신의 체취를 맡고 싶으니 다시 만날 때까지 목욕하지 말고 기다려달라."

남녀의 사랑에서 이성의 체취가 얼마나 중요한지를 느낄 수 있는 대목이다. 오래전부터 인간은 자신의 체취를 치장하는 데 관심이 많았다. 매혹적인 향기가 이성의 마음을 유혹하는 데 효과가 있다고 생각했기 때문이다.

우리의 몸은 끊임없이 냄새를 뿜어낸다. 겨드랑이 땀 냄새, 침과 호흡이 발산하는 입 냄새, 머리카락 냄새, 그리고 발 냄새가 모여 사람의 체취를 이룬다. 겨드랑이는 특히 체취를 많이 풍기는 곳이다. 다른 곳에 비해 박테리아가 살기 좋은 환경이기 때문이다. 박테리아는 몸이 배출하는 땀과 분비물을 분해하는데, 그 과정에서 인간 특유의 체취가 만들어진다. 겨드랑이에서 나는 땀 냄새는 박테리아가 신진대사를 하는 과정에서 생기는 화합물에서 나온 냄새다. 바로 그것이 개개인의 체취를 만들어낸다.

남성의 겨드랑이 땀 냄새는 여성에게 어떤 변화를 일으킬까? 남성의 겨드랑이 땀 냄새를 맡은 여성은 긴장감이 줄어들고 기분이 좋아지며 편안함을 느낀다. 같은 여성의 체취를 맡을 때는 아무런 반응을 보이지 않는 반면, 남성의 땀 냄새를 맡으면 성호르몬 분비의 시작점인 뇌의 시상하부가 활성화된다. 남성 또한 여성의 체취에 마찬가지 반응을 보인다. 남성이 여성의 체취를 맡으면 시상하부가 활성화되고, 그것이 성적 활동을 지배하는 생식선자극호르몬 분비를 촉진한다.

요컨대, 상대방이 풍기는 냄새를 우리는 알게 모르게 후각으로 감지하는데, 이것이 이성에게 괜히 끌리고 호감을 갖게 되는 한 가지 이유다. 사람들은 대부분 외모와 목소리 때문에 이성에게 끌리게 된다고 생각한다. 그러나 이성이 풍기는 달콤한 체취는 시각이나 청각 정보보다 더 빨리 우리의 마음을 유혹할 수도 있다.

개는 냄새로 주인을 구별한다. 이는 사람마다 다 다른 체취를 가지고 있다는 것을 뜻한다. 얼굴이 다르고 목소리가 다른 것처럼 사람의 체취 또한 모두 다르다. 나만의 독특한 체취는 나를 드러내고, 타인과 나를 구분해주는 신분증과도 같은 역할을 한다. 그래서 우리는 놀랍게도 냄새만으로 배우자를 찾아낼 수도 있다. 오랫동안 같이 생활해 그 냄새에 익숙하기 때문이다.

저마다 다른 체취를 가진 사람들. 그 수많은 체취들 중에는 특별히 끌리는, 마음을 사로잡는 냄새가 분명히 따로 있다. 사람들은 주로 어떤 냄새에 호감을 느낄까? 거기에는 인간의 면역체계와 관련된 비밀이 숨어 있다.

사람들은 저마다 면역형질이 다르다. 어떤 사람은 자기와 비슷한 면역형질을, 또 어떤 사람은 완전히 다른 면역형질을 가지고 있다. 면역형질의 같고 다름이 냄새 호감도에 영향을 미친다. 사람들은 면역체계가 다른 이성의 체취에 호감을 느낀다. 면역체계가 비슷한 이성의 체취는 좋아하지 않는다. 내가 어떤 체취에 끌리는 이유는 그 사람이 나와 다른 면역체계를 가지고 있기 때문이다.

인간의 6번 염색체에는 '주조직 적합성 유전자 복합체', 즉 MHC가 있다. 수백 개의 유전자로 이뤄진 MHC는 외부에서 침입한 병원체나 조직 등으로부터 몸을 보호하는 역할을 한다. 즉 MHC는 인간의 면역체계를 관장한다. 일란성쌍둥이가 아닌 이상 동일하게 나타나지 않는 이 MHC는 개인의 체취를 결정하는 유전자 조합이기도 하다. 사람들의 체취가 각각 다른 것은 바로 유전자 조합이 다른 MHC를 가지고 있기 때문이다.

MHC의 중요한 역할 중 하나는 근친상간을 막아주는 것이다. 비슷한 면역형질끼리 결합하는 것을 억제하고 서로 다른 면역형질이 만나도록 유도한다. 서로 다른 면역형질을 가진 아버지와 어머니 사이에서 태어난 아이는 아주 다른 MHC를 물려받게 되므로 병에 걸리더라도 더 잘 이겨낼 수 있다. 본능적으로 코가 생존과 번영의 비밀을 알고 있는 것이다.

진화를 거치면서 인간의 후각이 많이 퇴화하기는 했지만, 여전히 우리는 체취만으로 자신에게 맞는 상대를 찾아낼 수 있다. 사랑하는 사람을 선택하는 데 체취는 그 무엇보다 중요한 정보다. 사랑을 이루고 싶다면 그 또는 그녀의 체취를 흠뻑 맡아보라. 당신의 코가 본능적으로 운명의 상대를 찾아낼 수도 있다.

독일 속담 중에 "나는 당신 냄새를 맡을 수 없다"는 말이 있다. '나는 당신을 좋아하지 않는다'는 뜻이다. 즉 체취에 끌리지 않으면 호감을 느낄 수 없다는 말이다. 일상의 향기에 좀 더 세심하게 관심을 기울여보라. 당신의 코가 지금까지와는 사뭇 다른 이야기를 당신에게 들려줄 것이다.

2.

사랑에 빠지면 안 먹어도 배부르다

사랑은 아찔한 현기증을 동반하는 영혼의 울림이라고 할 수 있다. 사랑은 대개 어떤 형태로든 일상생활을 흔들어대면서 온다. 손에 잡힐 듯하면서 잡히지 않고 보일 듯하면서 보이지 않는 것, 그것이 바로 사랑이다. 사랑에 빠지면 눈길만 마주쳐도 웃음이 배시시 삐져나오는가 하면 가슴에는 늘 나비 한 마리를 잡아넣은 듯 산들바람이 분다.

세상의 많은 철학자와 문학가는 사랑에 대해 이렇다 저렇다 다양한 정의를 내린다. '사랑이란 무엇일까?'라는 물음에 어떤 철학자는 "여신 아프로디테와 거짓의 신인 헤르메스가 결합해 탄생한 헤르마프로디토스라는 양성, 이 완전한 존재를 제우스가 갈라놓으면서 우리는 잃어버린 반쪽을 찾을 수밖에 없는 운명을 타고난 것이다"라고 답하기도 한다.

그렇다면 이러한 사랑의 감정도 과학적으로 설명할 수 있을까? "사랑하는 사람은 모두 시인"이라는 말이 있다. 이는 대뇌의 변연계가 활성화되면서 감성이 풍부해져 은유와 상징, 그리고 시적인 사고가 자극된 결과다. 사랑은 과학적으로 보면 두뇌에서 일어나는 단순한 화학작용에 불과하다. 마음에 드는 이성이 나타나면 우리 몸속에서는 여러 호르몬이 분비되는데, 흔히 '사랑을 부르는 호르몬', '사랑에 빠지게 하는 호르몬'이라고 부르는 호르몬들의 화학반응에 의해 '사랑'이라는 감정을 느끼게 된다. 도파민과 페닐에틸아민, 옥시토신, 엔도르핀이 적당히 분비되어 상대방에게 호감을 느끼고 그리워하고 소중히 여기게 되는 것이다.

그런데 지금 막 사랑에 빠진 연인들에게는 공통점이 있다. 밥을 먹으러 가도 정작 관심은 서로에게만 꽂혀 있어 음식은 먹는 둥 마는 둥 하기 일쑤다. 한밤 내내 설레는 마음을 주체할 수 없어 '사랑의 백야'를 보내기도 한다. 가슴 절절히 솟아나는 사랑의 포만감이 물결쳐 흐르는데 밥을 굶은들 어떻고 밤을 꼬박 새운들 어떠랴. 설령 배고픔이 느껴진다 해도 밥을 찾기보다는 아마도 상대의 입술이나 품을 찾아 사랑의 포만감을 만끽하려고 할 것이다.

사랑에 빠진 이들이 먹지 않아도 배고픔을 느끼지 못하는 이유는, 누군가를 좋아할 때는 페닐에틸아민이 대량으로 분비되기 때문이다.

페닐에틸아민은 식욕을 억제하는 역할을 한다. 그래서 평소 밥을 솥째 들고 먹는 여성이라도 연인 앞에서는 새가 모이를 먹는 것과 같은 모습을 연출하게 만들기도 한다. 우리가 배고픔을 느끼는 것은, 위가 텅 비면 혈액 속 당분이 부족해지는데, 그것을 뇌가 인지하기 때문이다. '위가 텅 비었잖아!' 이런 식으로 말이다.

뇌는 우리 몸에 공복감을 하달해 뭔가를 먹도록 시킨다. 인간이 손과 발을 움직일 때 뇌의 지령에 따라 움직이는 것과 마찬가지로 공복감 또한 뇌의 지령에 따른다. 따라서 사랑을 하면 식욕이 떨어진다는 것은 뇌의 지령이 잘 전달되지 않는다는 것을 의미한다. 사랑에 빠진 이들이 밥을 먹지 않아도 배가 부른 이유다.

또 페닐에틸아민 이외의 물질로 인해 흥분 또는 긴장 상태가 지속되어 음식이 필요하다는 뇌의 지령을 제대로 파악하지 못하는 일도 발생한다. 따라서 젊은 여성이 갑자기 활기 넘치고 몰라보게 날씬해졌다면 새로운 사랑에 빠진 것이라 생각해도 무방하다.

변연계에서 페닐에틸아민이 분비되면 감정은 급격히 상승 곡선을 그린다. 이 '사랑의 페닐에틸아민'은 스피드나 엑스터시 같은 마약의 주성분인 암페타민 계열의 호르몬으로, 중추신경을 자극하는 천연 각성제 구실을 한다. 사랑에 빠진 사람들이 마치 마약을 복용한 이들처럼 환각 상태에 빠지는 것은 바로 이 때문이다. 그야말로 합법적인 마약 효과다. 마약에 취하지 않고도 환각 상태를 누리고 싶다면, 또 공복감에 시달리지 않고 다이어트를 하고 싶다면 열렬히 사랑에 빠져 보라.

하지만 불행하게도 이런 호르몬 분비가 수그러들면 그동안 숨겨져 있던 노여움과 불같은 질투가 폭발하게 된다. 보통 사랑이라는 감정에는 육체적 끌림이나 소유욕, 탐닉, 질투, 에로티시즘, 신선함 등 매우 격렬한 정서들이 결합되어 있다. 결국 그렇게 뜨겁게 달구던 죽고 못 살 것 같은 사랑이 우당탕탕 요란한 굉음을 내면서 한순간에 속절없이 무너져 내리기도 한다.

'그땐 정말 불처럼 뜨거웠는데……'라는 느낌이 들기 시작한다면 사랑의 감정을 일으키는 주역인 이 마약 물질이 감소해버렸다고 이해하면 된다. 난데없는 감정의 돌변에 당황스러움과 황당함이 일상의 균형이 무너질 정도로 사랑의 감정은 오랜 여진을 남기기도 한다. 이런 사랑의 감정이 만들어내는 행동 패턴들은 모두 '호르몬이 빚어내는 마술'이다.

3.
화가 나거나 스트레스가 쌓일 때는
키스를 하라

남녀가 만나 서로 사랑하는 마음이 생기면 키스를 하게 된다. 세상 모든 일에는 순서가 있듯, 연인이 되는 과정의 첫 번째 통과의례가 키스다. 키스는 은밀하면서도 가장 친근한 감정 표현으로, 연인들은 키스를 하며 뜨거운 사랑을 만끽한다.

입술을 사용해서 하는 많은 일 중에서 사람들이 가장 좋아하는 행위는 아마도 키스일 것이다. 입술은 인체에서 가장 에로틱한 부위 중 하나다. 입 밖으로 튀어나온 사람의 입술은 마치 여성의 성기처럼 도톰하게 솟아올라 성적 환상을 불러일으킨다. "입술이 두툼한 여성은 음순 역시 두툼하고 반대로 입술이 얇은 여성은 음순도 빈약하다"는 속설도 있을 정도다.

프랑스의 역사학자 장 클로드 볼로뉴는 저서 『키스』에서 "입은 '원초적인 구멍'이므로 입에 하는 키스는 성교의 상징적인 대체 행위"라고 표현했다. 이를테면 혀는 페니스, 입은 질에 해당한다는 것이다. 키스가 원초적 구멍의 가장자리(입술)에서 일어나는 일이므로 결국 관능적 사랑의 행위라는 것이다.

먼 옛날부터 인류 특히 여성들은 입술을 남성을 유혹하는 도구로 이용해왔다. 요즘에는 입술을 더욱 섹시하게 보이려고 이물질을 집어넣어 도톰하게 만드는 성형수술까지 한다. 소화기관의 첫 번째 창구인 구강을 보호하는 기능보다는 관능미를 부각하는 기능에 더 관심을 보이는 것이다.

사람은 성적으로 흥분하면 입술에 피가 돌아 입술이 붉은빛을 띠며 부풀어 오른다. 부풀어 오른 빨간 입술은 선홍빛 음순과 흡사하다. 프랑스어로 '붉다'라는 뜻을 지닌 '루주Rouge'는 바로 이러한 점에 착안한 것으로 원래는 건강미를 나타내기 위한 도구였다. 입술이 붉다는 것은 곧 혈액순환이 잘돼 건강하다는 표시고, 그것은 곧 건강한 유전자를 갖췄다는 의미여서 사람들은 붉은 립스틱으로 입술을 더욱 돋보이려 했다. 건강한 유전자를 가진 여성이 붉은 입술로 유혹하는데 끌리지 않을 남자가 어디 있겠는가.

연인이 나누는 키스는 단순한 것 같아도 복잡하며 다채로운 색깔을 지닌다. 가벼운 입맞춤부터 입을 벌리고 하는 키스, 혀를 섞어 상대의 입을 깊숙이 탐색하는 프렌치 키스까지 다양하다. 인간행동학의 관점에서 보면 가벼운 입맞춤은 존경과 친밀감의 표시고, 구강 내에서 타액을 교환하는 진한 키스는 뜨거운 애정 표현으로서 중요한 의미를 지닌다. 사랑하는 남녀 사이에 키스는 최고의 소통 행위인 것이다.

그렇다면 남자와 여자의 키스에 대한 생각은 같을까? 미국 올브라이트 대학 심리학과 수전 휴스 교수가 남녀 대학생 1041명을 대상으로 키스에 대한 생각을 조사한 결과에 따르면, 남성과 여성은 키스의 의미를 다르게 해석한다고 한다.

남성은 키스를 성관계의 전 단계라고 여길 뿐이어서 키스를 하지 않은 여성과도 당연히 성관계를 맺을 수 있다고 생각한다. 반면 여성은 키스를 통해 냄새나 느낌 같은 '정보'를 얻어 상대를 평가하려 한다. 따라서 키스에 서투른 이성과의 성관계를 피하려는 경향이 강하다. 또한 여자에게 키스는 연인 관계의 견고함을 확인하는 수단이다. 그런 까닭에 키스의 빈도는 여자들에게 '연인 관계의 건강함을 진단하는 척도'가 되기도 한다.

한편 키스는 만병통치약이라 할 만큼 과학적 효능 또한 대단하다. 프렌치 키스를 할 때는 적어도 29개의 근육이 동원되고, 최대 9밀리그램의 타액과 단백질 0.7밀리그램, 지방질 0.711밀리그램, 염분 0.45밀리그램이 교환된다. 마녀의 사과를 먹고 긴 잠에 빠졌다가 백마 탄 왕자의 입맞춤으로 깨어난 백설공주의 이야기도 있듯이, 키스는 생명력을 고양하는 상징으로 여겨지고 있다.

미국 러트거스 대학의 헬렌 피셔 박사에 따르면 키스를 할 때는 심장을 뛰게 하는 흥분 호르몬인 아드레날린, 쾌감을 주는 엔도르핀, 행복을 느끼게 하는 세로토닌, 짜릿한 맛을 느끼게 하는 도파민, 신뢰를 주는 옥시토신 등이 분비돼 가슴을 두근거리게 하고, 혈관을 넓혀 체내 산소량을 증가시킴으로써 몸 곳곳에 시동을 걸어준다고 한다. 이렇듯 흘러넘치는 호르몬 덕분에 행복을 느껴 뇌의 상당 부분도 활동적으로 변한다.

또 키스를 자주 하는 사람들은 인슐린이나 아드레날린 같은 호르몬 분비가 늘어나 면역력이 올라간다. 뿐만 아니라 모든 종류의 감염성 박테리아에 대항하도록 돕는 화학물질이 만들어져 방광이나 위 혹은 혈액에 병증이 생길 확률이 낮아진다.

한편 미국 라파예트 대학 신경과학과 웬디 힐 교수는 키스가 스트레스를 줄여준다고 말한다. 스트레스를 받을 때 분비되는 호르몬인 코르티솔 수치를 낮추고 대신 '사랑의 묘약'이라 불리는 옥시토신 수치를 높인다는 것이다. 코르티솔은 심장박동을 증가시키고 혈압을 상승시키는데, 높은 코르티솔 수치가 오랜 시간 지속되면 고혈압, 우울증, 비만, 성욕 감퇴 등의 현상이 나타난다. 연인과 열렬한 키스를 나누면 이렇게 몸에 좋지 않은 코르티솔 수치를 현저히 떨어뜨릴 수 있다는 얘기다.

그래서일까? 남자는 애인과 싸움을 끝내는 데 키스가 특효약이라고 생각해 여자에게 잘 달려든다. 물론 처음에는 상대방이 강하게 반발하겠지만, 화나 있을 때 일단 키스를 하면 분노가 쉽게 녹아내린다. 그만큼 강력한 효과를 발휘하는 것이다.

키스는 고등동물의 특권이다. 영장류 이외에 키스를 하는 동물은 드물다. 보노보는 친교, 화해 등 대부분의 커뮤니케이션을 섹스로 해결하는 것으로 유명하다. 침팬지는 싸운 뒤 키스를 하며 화해한다. 이들 동물처럼 우리도 건강에 좋고 화해의 수단이 되기도 하는 키스를 자주 하여 상대의 사랑을 더욱 당겨보면 어떨까.

4.

질투하라, 연인을 뜨겁게 한다

"사촌이 땅을 사면 배가 아프다"는 말이 있다. 똑같이 노력했는데도 남이 나보다 나은 결과를 얻으면 당연히 속상하고 배가 아프다. 이럴 때 단지 배가 아픈 데서 그친다면 그것이야말로 낭비다. 아픈 배를 가라앉히려면 약값도 들 터이고, 아픈 동안 배를 움켜쥐고 하릴없이 시간을 보내야 할 테니까 말이다.

그러나 배가 아픈 데 그치지 않고 '나도 악착같이 일해서 사촌처럼 땅을 사야지' 하고 결심한다면 그러한 질투심은 나를 발전시키는 원동력이 된다. 내가 하지 못한 것, 가지지 못한 것을 부러워하는 마음인 질투심은 그래서 우리의 생각과 행동에 변화를 일으키는 힘이 된다.

남녀 관계에서도 마찬가지다. 질투는 남녀 관계를 공고히 하는 접착제와 같은 역할을 하기 때문이다. 심리학자들은 상대의 질투심을 살

짝 자극하는 것이 시들해진 남녀 관계를 다시 뜨겁게 달구는 묘약이
될 수 있다고 충고한다.

동서양을 막론하고 남성은 자기 짝의 육체적 불륜에 가장 큰 질투심
을 느낀다고 한다. 반면 여성은 남편이 다른 여성에게 정서적 친밀감
을 보이는 감정의 배신에 더 크게 분노한다고 한다. 왜 그럴까?

질투의 역사는 100만 년 이전까지 거슬러 올라간다. 진화심리학자들
은 인류가 아프리카의 평원에서 살아남기 위해 치열한 경쟁을 벌이
는 과정에서 질투의 씨앗이 싹텄다고 설명한다. 남성은 열대 초원에
서 목숨을 걸고 사냥한 맹수의 고기를 씨가 다른 아이가 먹는 '낭비'
를 막고자 항시 아내를 감시했다. 또 여성은 남편이 다른 여성에게 마
음을 빼앗겨 음식 공급이 끊기는 일을 방지하려고 늘 주위를 살폈다.
이처럼 원시시대에 남녀는 생존을 위해 각기 다른 압박감을 가졌고,
이것이 뇌에 누적되어 지금처럼 남녀의 질투 양상이 다르게 나타나
게 된 것이라고 진화심리학자들은 말한다. 그래서 남성은 배우자가
간통을 할 때, 여성은 남편이 다른 여성에게 마음을 빼앗길 때 더 질
투심을 느낀다는 것이다.

미국 텍사스 대학의 진화심리학자 데이비드 부스 교수는 이를 남녀
의 번식 전략의 차이로 설명한다. 많은 남자들은 부정을 저지른 아내
에게 강한 욕정을 느끼는데, 이는 아내를 오르가슴에 도달하게 해 다
른 남자의 정자를 따돌리고 먼저 수정을 시키려는 의도 때문이라는

것이다. 그러지 않으면 자신의 유전자는 퍼뜨리지 못하고 남의 자식을 길러주는 뻐꾸기 아빠 신세가 될 수밖에 없기 때문이다.

내 짝이 낳은 자식이 내 자식이 아닐지도 모른다는 의심은 수백만 년 동안 남성들을 괴롭혀온 남모를 걱정거리다. 인간은 체내수정을 하기에 검사를 해보지 않는 한 아이가 자신의 자손인지 남성들은 알기 어렵다. 여성은 자기 배로 낳은 자식이기 때문에 그런 고민을 할 필요가 없다. 따라서 '뻐꾸기 아빠'가 되지 않으려는 남성들은 여성의 성적 부정에 심한 질투를 느낀다.

반면 여자는 임신 기간에 그리고 출산 후에도 오랫동안 남자의 도움을 필요로 한다. 그래서 여성은 배우자가 다른 여성에게 마음을 빼앗겨 투자 자원이 자신의 아이에게서 다른 아이에게로 옮겨갈까 봐 예민하게 반응한다. 여자들이 배우자의 육체적 배신이 아닌 감정의 배신에 더 발끈하는 이유가 여기에 있다.

여성은 남편이 성적 부정을 저질렀다 하더라도 "정말 그 여자를 사랑해?" 하고 거듭 확인하고는 용서해주는 게 보통이다. 술집 여자와 하룻밤을 지냈다고 이혼을 요구하는 여성은 별로 없지만 남편의 두 집 살림은 절대 가만히 놔두지 않는다.

그런데 지금까지 알려진 것과 다른 새로운 이론이 등장해 진화론 쪽의 설명을 뒤집었다. 대부분 남성들은 여성의 육체적 불륜에 훨씬 더 강한 질투심을 느끼지만, 일부 남성들은 여성처럼 배우자가 다른 이성에게 마음을 빼앗기는 감정의 배신에 더 큰 상처를 받는다. 마찬가지로, 여성들은 대개 배우자의 감정의 배신에 더 강한 질투심을 느끼지만 일부 여성들은 배우자의 육체적 불륜에 더 큰 상처를 받는다. 성적인 이유 때문에 동거하는 사람들을 대상으로 조사한 결과 동거인이 다른 사람과 성관계를 맺을 때 여성들이 남성보다 더 괴로워하는 것으로 나타났다. 이런 현상은 진화론으로는 설명할 수 없다.

미국 펜실베이니아 주립대학의 심리학자 케네스 레비 교수는 이러한 현상을 '질투의 애착 이론'으로 설명한다. 인간에게는 배척형과 안정형이라는 두 가지 애착 유형이 있는데, 이 가운데 어떤 유형의 애착을 갖느냐에 따라 인간관계가 달라진다는 것이다. 즉 성별보다는 애착 유형에 따라 질투의 양상이 다르게 나타난다는 것이다.

일반적으로 안정형 애착을 가진 사람들은 친절하고 충실해 상대방의 마음을 잘 가라앉혀준다. 또 정직하고 연대를 잘한다. 특히 인간관계를 중요시해 모두가 잘 어울릴 때 가장 편안해하고, 논쟁이 발생할 때 가장 낙담한다. 그래서 안정형 애착을 가진 사람들은 남녀 할 것 없이 정서적 부정을 최고의 부정행위로 생각해, 감정의 배신에 더 신경을 쓰고 질투를 느낀다.

반면 배척형 애착을 가진 사람들은 유대 관계보다는 자신의 독립을 가장 중요시한다. 따라서 모두가 잘 어울릴 때보다는 독립적으로 생활할 때 더 편안해한다. 그래서 배척형 애착을 가진 남녀는 배우자가 다른 이성에게 친밀감을 보이는 정서적 부정보다는 다른 이성과 육체적 관계를 맺는 성적 부정에 더 질투를 느낀다고 레비 교수는 설명한다. 그러면서 그는 성적 질투심이든 정서적 질투심이든 너무 심한 질투심은 갖지 않는 게 좋다고 충고한다.

그렇지만 질투심이 불러일으키는 다양한 행동들은 그 방법이나 과정이 우아하건 치사하건 간에, 연적에게 자신의 짝을 빼앗기지 않을 확률을 높인다. 약간의 질투심은 '경계경보' 역할을 해 파트너를 지키는 데 도움을 준다. 만약 질투심을 느끼지 않는 일종의 '태평 유전자'를 가진 사람이 있다면, 이 사람은 자신의 파트너가 다른 이성에게 관심을 보여도 질투심이 생기지 않아 아무런 조치를 취하지 않게 돼 파트너를 빼앗길 가능성이 매우 높다.

그러나 질투심이 너무 강하면 시도 때도 없이 계속 울려대는 경보음 때문에 속에서 열불이 나 정상적인 생활을 할 수 없다. 극도로 민감한 센서를 달고 일상생활을 영위할 수 없듯이, 질투심이라는 경보음에 너무 자주 그리고 너무 강하게 반응하면 자신은 물론 파트너를 곤경에 빠뜨리고, 최악의 경우에는 관계를 망가뜨린다.

그러니 질투의 센서는 '살짝'만 자극하라. 약간의 질투, 그것은 부자연스럽지도 부도덕하지도 않은 자연스러운 감정이다. 남녀 관계를 공고히 하는 접착제이자 행복 에너지다.

5.

정액 냄새는 여성을 기분 좋게 한다

6월의 초여름, 하얗고 길쭉한 꽃을 수북이 머리에 인 밤나무 곁을 걷다 보면 비릿한 냄새가 진동한다. 밤나무 꽃의 냄새는 남자 정액 냄새와 아주 흡사하다. 그래서 예부터 남자의 품을 그리워하는 과부나 여성들이 이 냄새를 좋아한다는 속설이 있었다.

실제로 한 실험 결과에 따르면, 남성들에게는 별로 상쾌한 느낌을 주지 못하지만 여성들은 밤꽃 냄새를 '향기로운 냄새'로 느낀다고 한다. 그래서일까, 밤나무들이 줄지어 선 곳에서는 밤나무 밑을 서성거리며 밤꽃 향기로 대리만족을 느끼는 듯한 여성들의 모습을 종종 볼수 있다.

고환에서 만들어진 정자는 부고환과 정관을 거쳐 조금씩 이동해서 정낭과 전립선에 머문다. 정낭과 전립선에서는 정액을 만들어 정자가 살 수 있도록 영양을 공급한다. 정액의 50~70퍼센트는 정낭, 15~30퍼센트는 전립선에서 만들어지며 전립선에서는 정액 특유의 밤꽃 냄새가 나는 물질을 만든다.

전립선은 방광 바로 아래에서 요로를 둘러싸고 있는 장기다. 전립선은 태어날 때는 보일락 말락 할 정도로 작지만 사춘기부터 조금씩 커져 성인이 되면 무게가 20그램에 달할 정도로 커진다. 밤톨 모양이어서 대한해부학회에서는 '밤톨샘'이라고 부른다. 정액 성분의 15~30퍼센트를 차지하는 전립선액에는 정자가 활동하는 데 필요한 각종 영양소와 효소가 들어 있는데, 밤꽃 냄새가 나는 것은 이런 성분 때문이다. 전립선액 속의 스펠민, 인산, 유산, 단백질 등의 성분이 정액 특유의 비릿한 냄새를 만들어낸다. 특히 스펠민이라는 효소가 독특한 밤꽃 냄새를 만든다.

여성의 성기는 자궁 내로 병균이 침투하지 못하도록 약산성을 띠는데, 그래서 약간 새콤한 냄새가 난다. 정자가 다른 병균과 달리 죽지 않고 무사히 자궁까지 도달하려면 약산성을 중화시켜야 하는데, 이 역할을 하는 것이 약알칼리성의 전립선액이다. 또한 여자는 요도와 생식기가 따로 존재하는 것과 달리, 남자는 요도를 통해 소변과 정액을 모두 방출하므로 요도에 남아 있는 소변 찌꺼기로부터 정자를 보호하기 위해서라도 전립선액이 필요하다.

남성의 정액은 시기마다 각기 다른 냄새가 난다. 냄새가 다른 이유

는 심신의 상태가 다르기 때문이다. 건강한 시기에는 마치 향수 냄새를 방불케 하는 좋은 향기가 난다. 이 좋은 냄새가 불륜을 저지른 사람들에게는 화근이 되기도 한다. 배우자가 아닌 다른 이성과 부정한 관계를 맺으면 여성의 몸과 남자의 성기에 정액 냄새가 한동안 배게 된다. 따라서 최근 당신과 섹스를 한 적이 없는데 배우자의 성기에서 정액 냄새가 난다면 배우자가 부정을 저질렀을 가능성을 의심해봐야 한다.

여자들은 무엇보다 냄새에 민감하다. 그야말로 '귀신같이' 알아맞힌다. 남편의 속옷에 남은 정액 냄새는 '불륜을 의심하는 싹'이 되고 만다. 일부 아내들은 심지어 정액의 양을 가지고도 남편의 불륜을 의심하기도 한다. 남자들은 억울할 수도 있겠지만, 그러나 실제 몸에서 만들어내는 정액의 양을 속일 방법이 없다는 점에서 여우 같은 여자들의 지혜일지도 모른다.

정액이 항상 좋은 냄새만 나는 것은 아니다. 남성이 여러 번 사정을 한 후나 몹시 피곤하거나 스트레스를 극도로 받은 상태에서 사정한 정액은 악취가 난다. 특히 정신적으로 심하게 흥분한 상태에서 사정한 정액은 썩은 내가 난다. 남성이야 쾌락을 느끼면 그만이지만 냄새가 고약한 정액이 여성의 몸에 들어가면 좋지 않은 영향을 미친다. 특히 아이를 임신하면 문제는 더욱 심각해진다. 아내를 진정으로 사랑하는 남편이라면 배우자에게 '건강한 성적 쾌락'을 안겨주도록 노력해야 한다.

그렇다면 정액에서 발산되는 냄새만이 여성을 기분 좋게 하는 것일까? 냄새만이 아니라 정액 속 물질들 또한 여성을 기분 좋게 만든다. 정액에는 테스토스테론, 에스트로겐, 프로락틴, 황체호르몬, 프로스타글란딘 같은 물질이 들어 있는데, 이들 물질이 여성의 기분을 변화시킨다. 특히 테스토스테론과 에스트로겐이 성관계를 하는 동안 여성을 기분 좋게 만들어주는 것으로 알려져 있다.

이를 뒷받침해주는 연구가 있다. 뉴욕 주립대학의 연구 결과, 콘돔 없이 섹스를 한 여성들은 콘돔을 사용했거나 섹스를 하지 않는 여성들에 비해 우울증을 덜 겪는 것으로 나타났다. 정액이 우울증을 완화해주는 효과가 있음을 알 수 있다. 이는 정액의 각종 좋은 성분들이 여성의 질에서 혈관으로 퍼져 우울증을 완화하는 작용을 했기 때문이다.

또한 가톨릭대 강남성모병원 산부인과 배석년 교수와 박래옥 연구원의 발표에 따르면 정액에 있는 시자르Cizar라는 성분이 난소암을 예방할 뿐 아니라 여성의 면역력을 높여주고 피부를 윤택하게 만든다고 한다. 사실 정액은 아연과 칼슘, 칼륨, 과당, 단백질 등 대단히 좋은 물질들을 함유한 활력의 보고다.

오럴 섹스를 하다 보면 본의 아니게 입 안으로 남성의 정액이 들어올 때가 있다. 이럴 때 여성들은 정액을 먹어도 괜찮은지 걱정을 하곤 한다. 상대 남성에게 성병이나 질환이 없는 한 여성이 정액을 먹어도 특별히 건강에 문제가 생기지 않는다. 밤꽃 냄새를 연상시키는 특유의 풋내를 감당할 수만 있다면 아무런 상관이 없다.

6.

차라리 부부 싸움을 하라

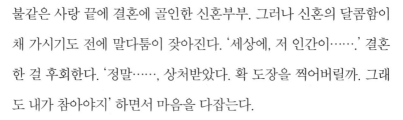

불같은 사랑 끝에 결혼에 골인한 신혼부부. 그러나 신혼의 달콤함이 채 가시기도 전에 말다툼이 잦아진다. '세상에, 저 인간이…….' 결혼한 걸 후회한다. '정말……, 상처받았다. 확 도장을 찍어버릴까. 그래도 내가 참아야지' 하면서 마음을 다잡는다.

천생연분이라고 믿었던 이들, 한 번도 싸울 일이 없을 거라 생각했던 '닭살 커플'들이 싸우는 이유는 알고 보면 사소한 말 한마디에 있다. 싸움거리도 되지 않는 사소한 일로 싸워 관계가 소원해지는 일이 부지기수다.

그런데 재미있는 점은, 한바탕 부부 싸움을 벌일 때는 '이제 그만 도장을 찍어버릴까'라는 극단적인 생각을 하다가도 금세 '칼로 물 베기'가 되는 일이 많다는 것이다. 그 이유는 바로 특정 부위에 있는 신경세포들 때문이다. 내측 전두엽MFC이나 배외측 전전두엽 피질DLPFC 같은 뇌의 신경세포들은 손실이 일어나도 같은 선택을 반복하게 만든다.

대뇌 윗부분에 위치한 내측 전두엽에는 이익이나 손실에 민감하게 반응하는 신경세포들이 모여 있다. 이들 신경세포 가운데는 손실을 경험한 뒤에도 다음에 같은 선택을 하게 만드는 세포도 있다. 이마 바로 뒤에 위치한 배외측 전전두엽 피질에는 선택으로 얻는 보상의 크기와 그 보상을 얻을 때까지 걸리는 시간에 반응하는 신경세포들이 모여 있다. 선택을 하는 데 걸리는 시간이 사람마다 다른 이유는 이 영역의 신경세포들의 활동에 차이가 있기 때문이다. 이러한 사실은 예일대 의대 이대열 교수 팀이 밝혀낸 것이다.

이를테면 부부 싸움을 하고 나면 간혹 '결혼을 너무 일찍 했나' 하는 후회가 밀려들기도 한다. '좀 더 기다렸다면 이상형의 배우자를 만날 수도 있었을 텐데' 하는 생각 말이다. 도대체 얼마나 기다렸어야 후회 없는 선택을 할 수 있었을지는 모르겠지만 말이다. 이처럼 기다리는 시간과 선택을 하는 행동 간의 문제를 경제학에서는 '시점 간 선택inter-temporal choice'이라고 부르는데, 이 시점 간 선택을 내리는 것이 내측 전두엽과 배외측 전전두엽 피질의 신경세포다. 바로 이러한 신경세포들이 당신으로 하여금 이상형을 기다리지 않고 지금 곁에 있는 애인을 배우자로 선택하게 만드는 셈이다. 즉 기껏해야 손톱만 한

크기의 뇌 공간에서 신경세포들이 당신의 평생을 좌우할 선택을 하는 것이다.

만일 같은 선택을 반복하게 하거나 눈앞의 이익을 선택하게 하는 신경세포가 없다면 어떻게 될까? 부부 싸움을 할 때마다 배우자를 바꾸는 변덕쟁이가 되거나 언제 나타날지 모르는 이상형을 기다리다 소중한 사람을 놓치고 마는 바보가 될지도 모른다.

그런데 미국의 대표적인 분노 연구자인 어니스트 하버그 교수는 배우자에 대한 분노가 일어날 때는 억누르지 말고 차라리 부부 싸움을 하라고 권한다. 분노가 응어리지면 신체의 생존 시스템이 취약해지므로 분노는 그때그때 터뜨리는 게 좋다는 것이 하버그 교수의 설명이다.

하버그 교수 팀은 작은 시골 마을의 부부 166쌍을 조사했는데, 그 결과 배우자에 대한 분노를 억누르고 사는 사람일수록 일찍 죽는 것으로 나타났다. 아내나 남편 모두 오랜 세월 분노를 참아온 부부들의 경우에는 두 사람 다 숨진 비율이 23퍼센트나 되었고, 남편이나 아내 중 어느 한쪽만이 분노를 억누르고 살아온 경우에는 부부 모두 숨진 비율이 6퍼센트에 불과했다. 또 이를 세분하여 조사한 결과, 양쪽 모두 분노를 억누르는 부부 26쌍 가운데 50퍼센트는 어느 한쪽이 죽었는데, 그중에 남편이 사망한 경우는 35퍼센트, 아내가 사망한 경우는 15퍼센트였다. 반면 둘 중 하나라도 분노를 터뜨리고 갈등 해결책을 모색한 부부들의 경우에는 어느 한쪽이 사망한 비율이 25퍼센트로 나타났는데, 남편이 사망한 경우가 18퍼센트, 아내가 사망한 경우가 7퍼센트였다. 한편 남편이 분노를 터뜨리고 아내가 분노를 억누르는 부부들은 사망률이 가장 낮게 나타났다.

이 통계에서 드러나듯, 분노가 일어날 때는 터뜨리는 것이 정신 건강에 좋다. 물론 '너 죽고 나 죽자'는 식으로 격하게 부부 싸움을 해서는 안 되겠지만, 적당히 분노를 드러내 배우자에게 자신이 화가 났음을 알리고 대화로 갈등을 해소하는 것이 좋다. 다만 싸우더라도 상대에 대한 악의적인 비난이나 상대의 말이 우습다는 식으로 입술을 한쪽으로 추켜올린다거나 눈을 아래위로 움직이는 행동은 삼가야 한다. 콩깍지가 벗겨져 상대의 허물이 그대로 눈에 들어오더라도 상대에게 드러내놓고 표현하지는 마라.

부부 싸움을 하고 난 뒤에는 먼저 상대를 껴안아주는 것이 좋다. 포옹은 부부의 유대 관계를 돈독하게 해줘 모든 화를 눈 녹듯 풀어준다. 미국의 캐슬린 라이트 박사의 연구에 따르면, 연인들이 손을 잡거나 포옹하거나 로맨틱한 영화를 볼 때는 옥시토신이 많이 분비되어 마음을 부드럽게 녹여준다고 한다. 접촉이 마음을 편안하게 한다는 것을 과학적으로 입증한 것이다.

마음이 행동을 변화시키듯이, 행동 역시 마음을 변화시킨다. 몸과 몸을 맞닿아 지펴내는 온기, 마음과 마음의 포옹으로 일궈내는 부부의 사랑이야말로 힘들고 지친 삶을 견디게 하는 힘인 것이다.

7.

여성들이여, 사랑에 목숨 걸지 마라

"별도 달도 따준다고는 못해. 찬물에 손도 담그게 될 거야. 노력할게. 사랑만으로 살 수 없을 때 더 노력할게. 고마워, 내 곁에 있어줘서. 사랑해."

한 드라마에서 주인공이 무릎을 꿇은 채 위와 같은 대사를 하며 프러포즈하던 장면은 매우 인상적이었다. 부모의 반대를 무릅쓰고 결혼한 그 둘은 오래오래 행복하게 잘 살았을까?

평생을 함께하겠다는 굳은 혼인서약을 했음에도 결혼한 부부의 절반이 이혼의 위기를 겪는다. 또한 배우자 중 한쪽이 먼저 세상을 떠나 사별의 아픔을 겪기도 한다. 사랑이 전부였던 사람은 사랑을 잃으면 인생이 끝난 것 같은 절망감을 느낀다. 어떤 이유에서 그렇게 됐든 사랑의 실패는 상처를 동반한다. 많은 감정을 쏟아부었거나 많이 의존한 경우일수록 더 심한 절망에 빠진다. 고민을 나누고 감정을 공유할 사람이 사라져 상황에 대처하는 능력이 떨어지는 것이다.

사랑하는 사람을 잃으면 남자든 여자든 가슴이 터질 듯한 아픔을 느끼고 숨 쉬기조차 어려워진다. 이별 후에 흔히 경험하는 심적 고통이 육체적으로 나타나는 증상, 바로 '상심 증후군Broken heart Syndrome' 때문이다. 이별 등으로 정신적 고통을 받으면 아드레날린 등의 스트레스 호르몬이 과다 분비되어 혈액순환이 방해를 받아 심장의 펌프 능력이 현저히 떨어진다. 이별하면 심장이 아픈 이유가 여기에 있다.

미국 로드아일랜드의 브라운 대학과 미리엄 병원이 발표한 연구 결과에 따르면, 지난 2004년부터 2008년까지 4년여간 호흡곤란과 심장 통증을 호소하는 환자 70명을 상대로 조사한 결과 3분의 2가 병을 앓기 전 가족이나 사랑하는 사람을 잃었다고 한다. 사랑하는 사람과의 이별이 마음에 병이 되어 심장을 약하게 만들 수 있다는 얘기다.

사랑은 신경계의 활동에서 비롯되는 것이다. 사랑 역시 물리적 세계의 일부이기 때문에 일정한 법칙이 있다. 사랑이라는 열병에 걸리면 이성이 마비되고 감성의 포로가 된다. 계산과 판단이 흐려져서 손해를 보고도 흐뭇해하고 때로는 목숨마저 아낌없이 내던진다. 이제까지 보이지 않던 것들이 보이고 늘 보아오던 것도 새롭게 보인다. 떨어져 있어도 마치 함께 있는 것처럼 공명하는 열병을 앓는 것이다.

거꾸로 사랑에 실패했을 때도 이와 반대 현상의 열병을 앓는다. 이별의 슬픔과 스트레스가 관상동맥벽을 해치는 화학물질을 만들어내 심장에 치명적 손상을 입히고 동맥경화를 일으켜 심하면 심장발작으로까지 이어진다. 마음과 심장이 신경망을 타고 순간적으로 교차해 마음의 아픔이 심장의 아픔으로 이어지고, 그것이 심장을 지나는 혈관을 막아 심장마비를 일으키는 것이다.

사랑의 상처가 오래가면 심장혈관 기능과 함께 호르몬 수치, 면역 기능이 교란돼 박테리아와 질병 감염에 대항해서 싸우는 세포의 기능이 떨어진다. 그러면 독감이나 바이러스 등의 질병에 쉽게 걸릴 수 있다. 심지어 암에도 걸릴 수 있다. 그래서 결혼의 실패나 배우자의 상실이 죽음으로까지 이어질 수 있다고 과학자들은 말한다.

사랑의 상처는 남녀에게 각기 다른 작용을 한다. 사랑에 실패한 여자들은 세상 전부를 잃은 듯한 상실감에 시달린다. 왜 그렇게 벼랑 끝에 선 사람들처럼 아파하는 것일까? 대개 여자들은 사랑하는 상대에게 '운명을 걸기 때문'이다. 사랑에 모든 것을 걸기 때문에 깊숙한 폐부까지 사랑의 상처가 남아 더 깊은 아픔을 느끼는 것이다.

반면 남자는 제대로 된 사랑을 하려면 먼저 어느 정도 경제적인 기반을 다져야 한다고 생각한다. 즉 현대 남성들은 일반적으로 성공 없는 사랑 따위 존재할 수 없다고 생각한다. 그래서 비록 어느 순간 사랑의 종말이 찾아온다고 해도 최소한 다른 사랑을 찾을 조건이 남아 있기에 남자들은 그리 깊은 상처를 받지는 않는다.

그런데 일본 사람들은 이런 일반적인 경향과는 다른 양상을 보인다. 일본 여성들은 대체로 실연 후에도 냉정하게 감정을 처리하는 편이다. 일본의 사회심리학자 마쓰이의 실연에 관한 연구를 살펴보면, 헤어지고 나서 상대를 쉽게 잊을 수 없었다는 남성이 45.5퍼센트로 거의 절반에 이르는 데 비해 여자의 경우 28.9퍼센트로 3분의 1 수준에도 미치지 못한다. 일본에서는 이미 끝나버린 연애 상대에게 미련을 갖고 질질 끌려다니는 쪽이 주로 남자인 모양이다.

일본 여자들은 대체로 연애가 끝나버린 것에 대해서도 후회를 하지 않는다. "그때 내가 조금만 더 잘했더라면" "그때 오해만 풀어줄 수 있었으면" 하는 식의 후회를 하는 사람이 남자는 36.6퍼센트로 3분의 1을 넘었으나 여자는 18.4퍼센트에 불과했다. 이것은 어디까지나 일본의 사정을 반영하는 연구 결과인 만큼 다른 나라의 사정은 좀 다를 것이다.

이별이나 실연의 상처는 물론 쉽게 아물지 않는다. 그래서 일부 젊은 이들은 이별이나 실연의 아픔을 견디지 못해 귀중한 목숨까지 끊어버리기도 한다. 그러나 사랑 때문에 목숨을 끊는 건 어리석은 일이다. 특히 여자들은 사랑에 모든 것을 걸지 않는 게 좋다. 자신이 모든 것을 건 남자는 절대로 자신에게 모든 것을 걸지 않는다는 사실을 깨달아야 한다. 남편이나 남자 친구보다 자신을 사랑하는 여자가 되는 것이 사랑에 상처받지 않는 최선의 예방책이다.

8.

싫증이 날 때는 주말부부처럼 살아라

1 2 3 4

1936년에 국왕으로 즉위한 에드워드 8세는 이듬해 자식이 둘이나 딸린 평민 출신의 이혼녀 월리스 심슨 부인과 사랑에 빠져 대영제국의 왕좌를 헌신짝처럼 버렸다. 세기의 로맨스라고 할 만한 에드워드 8세의 순애보는 두고두고 사람들의 심금을 울린다. 이보다 500년 전 조선의 세자 양녕대군은 유부녀 '어리'와 사랑에 빠져 밀애를 즐겼다. 이들의 스캔들은 당시 조선을 떠들썩하게 만든 비련, 사련이자 불륜이기도 했다. 양녕대군은 이 일로 세자의 지위를 박탈당했다.

이렇게 높은 사회적 지위나 단란한 가정의 행복 따위는 아랑곳하지도 않을 만큼 물불 안 가리고 덤벼드는 열정, 이를 두고 우리는 사랑이라고 말한다. 금방 보았는데 헤어지면 또 보고 싶고, 사람을 죽이기도 살리기도 하는 사랑은 요술 같은 위대한 힘을 가졌다.

사랑은 과학적으로 분석했을 때 마약과 같은 효과를 지닌다. 이제 막 사랑에 빠진 연인들이 마치 마약에 취한 사람들처럼 황홀감에 빠져들어 누가 보든 개의치 않고 닭살 행각을 벌이는 이유가 여기에 있다. 마약 효과를 내는 주인공은 바로 뇌에서 분비되는 호르몬이다. 과학은 사랑을 관장하는 기관이 마음도 성기도 아닌 '뇌'라는 사실을 밝혀냈다.

세로토닌은 사랑의 감정을 일으키는 가장 중요한 화학물질이다. 흔히 '눈에 콩깍지가 씌었다'고 말하는 때가 바로 이 세로토닌이 나오는 시기다. 미국 미시간 대학의 로버트 프라이어 교수에 따르면, 사랑에 빠졌을 때 분비되는 호르몬은 상대의 결점을 인식하지 못하게 한다고 한다. 그래서 이 화학물질이 분비될 때는 평상시 매우 올바른 사람마저 부정한 방법으로 애인의 출세를 도와주는 어리석은 행동을 저지르기도 한다. 일종의 마약인 셈이다.

영국의 세미르 제키 교수는 최근 6~12개월 정도 사랑에 빠진 대학생 17명의 뇌 활동을 분석했는데, 그 결과 마약에 도취된 사람과 똑같은 부위가 활성화되는 것으로 나타났다. 즉 사랑에 빠진 사람의 뇌나 마약에 도취된 사람의 뇌 모두 똑같이 전두엽 피질을 비롯한 네 부위가 활성화된 것이다.

또 미국 브룩헤이븐국립연구소의 노라 볼코 박사가 사랑에 빠진 사람과 마약중독자의 뇌 활동을 조사한 연구에서도 두 그룹은 놀라울 정도로 비슷한 양상을 보였다. 사랑에 빠진 사람들은 연인과 떨어져 있을 때 매우 슬퍼하며 탄식하는 모습을 보였는데, 이는 마약을 주지 않았을 때 마약중독자들이 보이는 모습과 매우 비슷하다.

하지만 아무리 아름다운 경치라도 매일 보면 싫증나게 마련이듯이, 아무리 잘생긴 미인이라도 자주 보다 보면 시들해지게 마련이다. 왕위까지 던져가며 사랑에 빠졌던 에드워드 8세도 훗날 자신의 행동을 후회했다고 한다. 바람둥이 남자들은 아무리 예쁜 여자와 사귀더라도 3년을 못 가 싫증을 낸다고 한다. 아일랜드의 극작가 겸 소설가인 버나드 쇼는 "미인이란 처음 볼 때는 매우 좋다. 그러나 사흘만 계속 집 안에서 상대해보면 더 보고 싶지 않다"고까지 했다.

오늘의 미인은 내일의 평범이 된다. 결혼해서 대략 일 년쯤 지나면 남녀 모두 배우자의 외모는 거의 따지지 않는다. 그렇다고 싫증날 때마다 다른 사람으로 바꿔가며 살 수도 없는 일이다. 이럴 때는 어떻게 하는 것이 좋을까?

전문가들은 이럴 때 다양한 모습을 보여줄 수 있도록 관계를 변화시키는 것이 좋다고 말한다. 싫증을 느낄 틈이 없게 만들라는 것이다. 화려한 궁궐 생활을 버리고 출가한, 와카(和歌, 일본의 전통적인 정형시)의 대가 요시다 켄코는 수필집 『도연초徒然草』에서 "남녀가 서로 싫증을 느끼게 되었다면 서로가 불안 요소를 안고 사는 것이므로, 이때는 따로 살면서 가끔씩 만나 같이 지내는 것이 좋다"고 충고한다. 주말

부부처럼 말이다. 그렇게 지내면 세월이 흘러도 관계는 끊어지지 않을 것이라고 말한다. 결국 일정한 공백기를 두어 사랑을 회복하라는 것이다.

하버드 대학의 저명한 심리학자 대니얼 길버트 교수 또한 "싫증이 나지 않으려면 다양성과 시간을 잘 고려해야 한다"고 설명한다. 예를 들어 연극을 아주 좋아하는 사람이 한두 달에 한 번 공연을 볼 짬을 낼 수 있다면 매번 연극을 보는 게 낫지만, 매주 시간을 낼 수 있다면 중간에 콘서트나 뮤지컬을 섞어 보는 게 행복을 극대화하는 방법이라는 것이다.

시간을 잘 보내는 것도 싫증을 탈피하는 한 가지 방법이다. 새로운 것을 배워보자. 뭔가를 배우는 것만큼 생활에 활력소가 되는 일도 드물다. 일상에서 벗어나 새로운 것에 도전하는 것만으로도 자신감이 생기고, 짜릿한 성취감도 느낄 수 있다. 특히 오랫동안 남편에게 의존하며 살아온 여성이라면 자기 힘으로 무엇인가 해야 할 필요가 있다.

자신이 좋아하는 것을 배우기 시작하면 사람을 지치게 만드는 두 가지 나쁜 감정에서 벗어날 수 있다. 우선 매일 똑같이 반복되는 평범한 일상에서 벗어나 새로운 것을 배우니 심심함이나 싫증을 느낄 수 없을 것이다. 또한 취미와 정서가 비슷한 사람들과 어울리면서 고만고만하게 사는 사람들의 모습을 들여다보면 평범한 자신의 삶이 그다지 억울할 게 없다는 생각도 들 것이다.

배우는 여성이야말로 가정과 사회, 더 나아가서는 국가를 강하게 만들 뿐만 아니라 무엇보다 자기 자신을 행복하게 만든다.

9.
멜로물을 보아라, 부부 금실이 좋아진다

아이가 엄마에게 달려와 물었다.

"엄마, 멜로물이랑 액션물이랑 어떻게 다른 거예요?"

난데없는 질문에 엄마는 잠시 생각에 잠겼다가 대답했다.

"음~ 그건 말이다. 남자랑 여자랑 싸우다 여자가 남자를 침대 위로 밀어버리면 멜로물이고, 낭떠러지로 밀어버리면 액션물이란다."

한국웃음연구소가 웃음 치료를 위해 만들어낸 얘기다. 액션과 멜로의 구분을 아주 적절하게 표현한 글이라 할 수 있다.

방송국에서 방영하는 드라마는 대체로 '신데렐라'류의 멜로물 아니면 폭력이 난무하는 액션물이다. 사건의 변화가 심하고 통속적이고 선정적인 이야기를 주로 다루는 멜로물은 대체로 여자들이 좋아하고,

격투 따위의 거친 연기를 주로 다루는 액션물은 남자들이 선호한다. '신데렐라' 주인공이 '백마 탄 기사' 같은 남자 주인공과 사랑에 빠지는 구태의연한 이야기, 여자들은 왜 그런 이야기를 재미있어하며 빠져드는 것일까? 그것은 그러한 이야기가 여성의 감성을 자극하기 때문이다. 인간 감성의 본질은 자연이다. 그래서 인간과 자연의 합일점을 모색하는 휴머니즘이 멜로물의 직접적인 소재가 되는 것이다. 특히 감성을 중요시하는 여자에게는 멜로물이 안성맞춤이다.

감성적인 멜로 영화를 관람한 커플을 대상으로 실험한 결과, 영화를 보고 난 후에 남녀 모두에게서 황체호르몬인 프로게스테론 분비가 늘어난 것으로 나타났다고 한다. 당연한 얘기겠지만 감성적인 여성 쪽이 남성보다 10퍼센트나 더 많이 분비되었다. 프로게스테론은 '배려 호르몬'이라고 할 수 있다. 프로게스테론이 많이 분비될수록 상대를 배려하는 마음이 커져 친밀감이 높아진다. 멜로 영화가 안정제 같은 역할을 하는 셈이다.

우리는 대개 유행가 가사나 소설이나 시집에서, 또는 작가들이 꾸며낸 멜로 영화나 드라마를 통해 사랑을 배운다. 사랑이 무엇인지 어떻게 사랑해야 하는지 학교도 부모도 가르쳐주지 않는다. 많은 사람들이 사랑 때문에 열병을 앓고 오랜 시간 고민에 빠지는데도 말이다. 어쩌면 사랑을 배울 곳이 없어서 간접 경험을 하고자 여자들이 멜로 드라마에 더 빠져드는 게 아닐까 싶다.

한편 남자는 스포츠를 좋아하고 시원한 액션물에 잘 빠져든다.「매트릭스」를 보면서 총알이 바람을 가르는 소리를 온몸으로 느끼며 영화에 등장하는 악당이 바로 자신을 해코지하기라도 하는 듯 공포감에 휩싸인다. 여자들이 보기에는 때리고 찌르고 내동댕이치는 거친 싸움으로밖에 느껴지지 않는 이야기에 남자들은 왜 그렇게 열광하는 것일까? 남자는 감성을 자극하는 이야기보다는 현란한 몸동작에 더 자극을 받기 때문이다.

남자들이 액션 영화를 볼 때는 남성호르몬인 테스토스테론의 농도가 높아진다. 특히 등장인물이 주먹이나 발 또는 몽둥이, 무기 등으로 폭력을 휘두를 때는 성적 욕구나 흥분에 관여하는 테스토스테론 수치가 평소보다 30퍼센트나 높아져 남자들을 흥분의 도가니로 몰아넣는다. 그러나 연인과 함께 액션 영화를 보는 여자는 상대를 생각해 어쩔 수 없이 영화를 보긴 하지만, 뇌에서는 그나마 조금 분비되던 테스토스테론의 분비량을 더욱 줄이라고 명령을 내리는 바람에 지루함을 느껴 저절로 입이 벌어지면서 하품만 쏟아내게 된다.

따라서 액션 영화를 좋아하는 남자라도 아내나 연인과 함께라면 멜로 영화를 봐야 관계가 더 좋아지고 가정의 평화도 지킬 수 있다. 연인과 함께 극장에 간다면 영화만큼은 그녀가 고르는 영화를 보도록 하고, 직장에서 퇴근하고 집에 들어와 아내와 텔레비전을 본다면 멜로물을 보도록 하자. 만약 아내의 뜻을 무시하고 액션 영화를 본다면 남편은 성호르몬인 테스토스테론이 많이 분비되어 성관계를 하고 싶은 마음이 들 수도 있겠지만, 반대로 아내는 졸음만 쏟아져 성관계를 하려고 곁으로 오는 남편이 귀찮게만 느껴질 것이다.

그러나 멜로드라마는 다르다. 물론 액션 영화처럼 남편들을 성적으로 자극하지는 않겠지만, 남녀 모두에게서 프로게스테론의 분비를 촉진하는 멜로물은 상대를 배려하는 마음을 샘솟게 해 스킨십을 나누고 싶어하도록 만든다. 그래서 멜로물을 보다 보면 아내에 대해 부정적인 마음이던 '아니'가 '허니honey'로 바뀌어가면서 아내를 보는 눈이 달라질 것이다. 아내와 함께 은은한 정을 나누며 평화로운 저녁 시간을 보내고 싶다면 리모컨을 이리저리 돌리다가 괜한 부부 싸움 일으키지 말고 이유 여하를 막론하고 멜로물을 즐겨라.

지금껏 유치찬란하고 빤한 이야기라고 굳게 믿었던 멜로물을 마음의 벽을 허물고 함께 공감하는 대화의 매개체로 승화시켜보자. 그러면 부부간에 정이 새록새록 돋아날 것이다. 부부가 함께 보는 멜로물 하나가 부부유별夫婦有別에서 부부유친夫婦有親으로 변화를 도모할 기회를 제공할 것이다.

10.

일주일에 세 번 이상 성교하라,
면역력이 강해진다

부부의 성생활은 사랑의 대화법 가운데 하나다. 종족 보존을 위한 본능적인 행위인 섹스는 성적 만족감을 줄 뿐만 아니라 면역력을 강화시켜 건강을 유지하는 데도 도움을 준다. 섹스치료사이자 정신과 의사인 뉴욕의 조이 데이비슨 박사에 따르면 "섹스가 약보다 건강에 좋다"고 한다.

사랑에 빠지면 우리의 몸은 변화를 겪는다. 사랑이란 여러 화학작용이 범람하는 가운데 이루어지는 일종의 화학반응이라고 할 수 있다. 사랑하는 사람의 눈을 보거나 손을 만지거나 체취를 맡으면 얼굴이 달아오르고 손바닥에는 땀이 나고 숨소리가 거칠어지는 것도 바로 그런 화학반응 때문이다. 이때 우리 몸에서는 사랑하는 사람에게 호감을 갖고 매력을 느끼게 하는 페닐에틸아민이라는 호르몬이 생성되는데, 이 호르몬은 몸과 마음을 행복하게 해준다.

또한 행복 호르몬으로 알려진 '엔도르핀'과 더불어 '암페타민'이라는 호르몬이 분비되어 이전에는 경험하지 못한 긍정적인 증상들이 우리 몸에 나타난다.

육체적 사랑 행위는 몸과 마음의 건강을 유지해준다. 혈관계, 신경계, 호르몬계의 영향을 모두 받기 때문이다. 우리의 몸을 이루는 세포는 사랑의 세포다. 사람의 성품에 비유하면 세포는 온유하고 긍휼하고 진리를 좋아하는 의로운 성질을 갖는다. 그래서 세포가 좋아하는 환경을 제공해주면서 사랑을 나누면 우리의 몸과 마음이 늘 건강할 수 있다. 섹스는 면역세포가 활발하게 활동하도록 만들고, 면역세포는 면역글로불린 A의 분비를 촉진해 신체의 면역력을 강화한다. 따라서 주 1~2회 섹스를 하면 감기 같은 질병에 대한 저항력이 높아진다. 골반 내로 흡수되는 남자의 정액이 여자의 면역력을 증강시킨다는 보고도 있다.

섹스는 다이어트에도 효과적이다. 섹스를 하는 데는 약 200~400킬로칼로리가 소모된다. 자전거 타기 30분, 빨리 걷기 40분의 운동량과 맞먹는 수치다. 심지어 섹스를 상상하기만 해도 그 흥분으로 인해 칼로리가 소모된다고 한다. 섹스는 일종의 운동인 셈이다.

섹스는 유산소운동과 같은 효과가 있어 꾸준히 적당한 성생활을 하는 사람은 심장병에 걸릴 위험이 적다고 한다. 나이가 많은 사람들은 섹스를 하면 힘을 많이 써 뇌졸중이 올 수도 있다고 생각하는 사람들이 많은데, 이는 사실과 다르다. 2000년 영국 브리스틀 대학 연구팀이 10년 동안 건강한 남성 2400명을 조사한 결과, 일주일에 세 번 이상 섹스를 할 경우 심근경색과 뇌졸중 발생률이 절반 이하로 줄어드는 것으로 나타났다. 다만 순환기 계통에 긍정적인 영향을 주려면 적어도 20분 이상 땀을 흘릴 정도로 섹스를 해야 한다. 이 정도의 섹스는 18홀을 도는 골프와 운동량이 맞먹을 정도여서 섹스를 하는 동안 혈압이 올라가고 맥박수도 증가한다. 따라서 주기적으로 적당하게 하는 섹스는 심폐 기능을 향상시킨다.

정상적인 성행위 시에는 15~30초 안에 계단을 두 층 정도 걸어 올라갈 때와 같은 부담이 심장에 가해진다. 이러한 정도의 부담으로 심장마비가 발생할 확률은 일반적으로 발생하는 심장마비의 확률보다 낮다. 성행위 중 심장마비로 사망하는 사람들의 75퍼센트 이상은 비정상적인 혼외정사를 하던 사람이라고 한다. 그만큼 몰래 하는 성관계는 심혈관계에 부담을 준다. 아내와의 섹스는 건강에 도움이 되지만 불륜은 위험한 셈이다.

규칙적인 섹스는 남자의 전립선을 건강하게 하는 효과도 있다. 사정을 자주 하는 남자는 전립선암에 걸릴 위험이 낮아진다. 전립선액은 정액의 대부분을 차지하는데 주기적인 사정을 통해 전립선액을 배출하는 것이 좋다. 〈미국의학협회 저널*Journal of the American Medical*

Association〉에 게재된 한 연구 결과에 따르면, 월 21회 이상 사정을 하는 성인 남자는 그렇지 않은 사람보다 전립선암에 걸릴 위험이 낮은 것으로 나타났다. 또 다른 연구에서는 20대에 주 5회 이상 사정할 경우 전립선암에 걸릴 위험이 30퍼센트 정도 감소하는 것으로 나타났다.

남녀가 육체적 사랑을 나누면서 오르가슴에 도달하면 통증을 줄이거나 기분을 좋게 하는 옥시토신과 엔도르핀이 많이 분비된다. 그래서 두통, 관절통, 생리전증후군 등이 있을 때 섹스를 하고 나면 통증이 줄어든다. 피츠버그 대학과 노스캐롤라이나 대학의 공동 연구에서는 폐경기 여성 59명의 옥시토신 농도를 측정한 후 남편 또는 파트너와 포옹과 같은 애정 행위를 하게 한 다음에 옥시토신 농도를 다시 측정했는데, 그 결과 많이 접촉할수록 옥시토신 농도가 높아지는 것으로 나타났다. 오르가슴에 이르렀을 때 분비되는 옥시토신이 유방암을 예방한다는 연구 결과도 있다. 나이가 들어서도 꾸준히 성생활을 하면 호르몬 분비가 정상적으로 유지돼 갱년기 증상이 완화된다.

또한 옥시토신은 잠을 푹 잘 수 있도록 도와준다. 만족스러운 섹스는 충족감을 주고 긴장을 풀어주는 등 부교감신경을 자극하여 깊은 잠을 유도한다. 그래서 당신의 파트너가 섹스를 하고 돌아누운 지 1분 만에 잠이 들고 코를 고는 것이다.

사랑은 가장 평범한 생물학적·화학적 과정을 일컫는 로맨틱한 명칭이다. 사랑하는 사람들은 친밀감을 느껴 자연스럽게 스킨십을 하게된다. 따라서 남녀가 육체적인 사랑에 대해 자연스럽게 의견을 나누고 또 서로의 만족을 위해 노력하는 것이야말로 가장 아름다운 일이다. 건강도 지킬 수 있으니 그야말로 금상첨화가 아닌가.

11.

부부 싸움 뒤에는 포옹을 하라

1킬로그램도 안 되는 조산아로 태어난 쌍둥이 자매가 있었다. 언니는 인큐베이터에서 건강을 점차 회복했지만 동생은 맥박과 호흡, 혈압 등이 위험 수치였다. 그런데 간호사가 언니를 동생 곁에 눕히자 언니가 팔을 올려 동생을 감싸 안았고, 동생은 서서히 안정을 찾아갔다. 그렇게 살아난 아이가 벌써 열두 살 소녀가 되었다.

포옹은 간단하다. 그 어떤 준비물도 필요 없고, 따로 드는 비용도 없고 장소도 상관없다. 하지만 그 효과는 만만치 않아서 치료법으로도 사용된다. 허그 세러피라고 불리는 이 치료법의 핵심은 그냥 꾸준히 안는 것이다.

예를 들어 소원해진 부부들을 위한 허그 세러피에서는 그저 '하루 다섯 번의 포옹'을 하라고 제시한다. 별것 아니라고 생각하기 쉬운 치료법이다. 하지만 눈길을 마주치고 가슴을 맞대는 순간 많은 사람들이 눈물을 쏟을 정도로 감정에 큰 변화를 일으킨다. 누군가 곁에 있다는 믿음이 생기고, 체온이 따뜻해지며, 마음의 짐을 나눴다고 느껴지는 등의 효과가 있기 때문이다.

그래서 생긴 운동이 '프리 허그'다. 프리 허그 운동은 2005년 한 호주 청년이 시드니에서 프리 허그라고 적힌 피켓을 들고서 지나가는 행인을 무작정 안아주면서 시작됐다. "백 마디 말보다 소중한 단 한 번의 포옹." 프리 허그 운동을 하는 사람들의 모임인 프리 허그 코리아가 내세우는 슬로건이다. 실제로 포옹은 말보다 효과가 크다. 한번 안아주는 것보다 강력한 힘을 발휘하는 것은 없다. 말은 전달하는 의미가 하나에 불과하지만 포옹은 의미가 여러모로 확장돼 받는 사람이 원하는 의미까지 전달한다는 점에서 더 유용한 도구다.

'포옹의 힘'은 단순히 정신적인 치유에 그치지 않고 신체를 건강하게 만든다. 미국 노스캐롤라이나 대학 정신과 의사인 캐슬린 라이트 박사 팀의 조사 결과에 따르면, 포옹을 할 때는 상대방에 대한 애착이 생겨나 '사랑의 호르몬'이라 불리는 옥시토신의 분비가 늘어날 뿐만 아니라 혈압이 낮아져 심장병이 발생할 확률도 줄어든다고 한다. 옥시토신은 동물에게 사랑과 행복을 안겨주는 화학물질이다.

라이트 박사의 연구에서는 연인들이 손을 잡거나 포옹하거나 로맨틱한 영화를 볼 때 옥시토신 수치가 증가하는 것으로 나타났다. 접촉이

몸을 편안하게 만들어준다는 사실을 과학적으로 입증한 것이다. 포옹은 남편과 아내, 부모와 자식 등 가족의 유대 관계를 돈독하게 해준다. 부모의 따뜻한 관심을 받고 자라는 아이들은 발육도 빠르고 면역력도 강해진다.

스킨십은 어린이의 두뇌 발달에도 기여한다. 아이들은 안겨 있을 때 기분을 좋게 하고 기억력을 높이는 신경전달물질인 아드레날린과 세로토닌 분비가 늘어난다. 어린 시절 부모 품에 자주 안기면 나중에는 안기지 않더라도 뇌에서 아드레날린과 세로토닌이 나온다. 포옹이 끝난 뒤에도 오랫동안 그 따스함이 뇌에 울림으로 남아 그 효과가 지속되기 때문이다. 그래서 "안아주면 아이들 머리가 좋아진다"는 말은 일리가 있다. 그렇지만 포옹이 언제나 치유력을 발휘하는 것은 아니다. 서로 상처를 어루만져주려는 마음가짐으로 포옹할 때 효과가 있다.

침팬지를 비롯한 영장류도 싸움을 한 뒤 의식적인 키스, 껴안기, 섹스, 손잡기 등을 통해 화해를 모색하는 것으로 알려져 있다. 짧은꼬리원숭이들은 싸움 직후 약 10분 동안은 평소보다 몸을 접촉하는 행동을 아주 많이 한다. 또 격렬하게 싸운 두 암수 침팬지가 잠시 후 다른 장소에서 껴안고 키스하는 장면도 쉽게 목격할 수 있다. 사회적 동물인 침팬지들은 분쟁으로 인한 사회적 피해를 줄이고자 키스나 포옹을 통해 적극적으로 화해를 시도하는 것이다. 이렇게 침팬지도 화해를 위해 포옹을 하는데 인간인 우리가 못할 이유가 없다.

매튜 헨리의 시에는 "이 약은 가슴에 난 상처에 특효약이다. 이 약은 부작용이 전혀 없으며 혈액순환까지 바로잡아준다. 이것이야말로 완벽한 약이다. 처방은 이것이다. 최소한 하루 한 번씩 식후 30분이든 식전 30분이든 서로 껴안아라"는 시구가 나온다. '부작용이 없는 완벽한 약'을 이제부터라도 자주 애용하도록 하자. 단 포옹할 때는 진심 어린 마음으로 안아줘야 효과가 크다. 사랑이 넘치는 포옹과 마지못해 형식적으로 끌어안는 포옹이 다를 수밖에 없는 것처럼, 그 약효에도 차이가 나기 때문이다.

꼭 연인이 아니라도 상관없다. 서로 껴안으며 감싸주는 날인 허그데이를 핑계 삼아 가족, 친구 등 마음을 나눌 수 있는 사람을 꼭 끌어안아보자. 부부 싸움을 한 뒤에는 배우자를 세게 껴안아보라. 모든 화가 눈 녹듯 풀릴 것이다. 어디 그뿐인가. 자신이 눈엣가시처럼 여기는 얄미운 사람마저도 꼭 안아주고 싶은 마음이 들 것이다. 포옹이 우리 마음속에 상처 대신 예쁜 꽃 한 송이를 심어주는 셈이다. 돈 한 푼 들이지 않고도 할 수 있는 포옹이 텅 빈 가슴을 꽉 채워주고 부부 관계를 돈독하게 해줄 것이다.

12.
성형수술은 유전자의 명령에 따른
자연스러운 행동이다

인간이 외모를 중요시하는 것은 어쩌면 너무도 당연한 일이다. 고대 그리스의 철학자 아리스토텔레스는 인간이 왜 외형적인 아름다움을 갈망하는지 묻자 "장님이 아니고서야 대답을 모를 리 있느냐"고 반문했다. 매력적인 외모를 보는 순간 우리 몸이 해답을 알려준다는 뜻이다.

남자들은 여자들의 뒷모습만 보고도 매력도를 점친다. 여자들은 신체 균형이 잘 잡힌 남성 춤꾼에게 환호한다. 특히 팔꿈치, 손가락, 귀 등의 좌우대칭이 완벽한 사람에게 높은 점수를 준다. 이처럼 신체의 좌우대칭이 완벽한 남자와 여자, 즉 '외모가 되는' 남녀가 많은 인기를 끄는 것은 놀라운 일이 아니다. 신체의 좌우대칭이 중요한 매력 포인트이기 때문이다.

신체의 좌우대칭은 남녀를 불문하고 외모의 미추美醜를 판가름하는 결정적인 요소다. 방송국에서 뉴스 진행자들을 뽑을 때도 코나 입이 어느 한쪽으로 몰리지 않은 사람을 선호하는데, 얼굴의 균형이 맞지 않는 사람은 시청자들의 호감을 사기 어렵기 때문이다. 인간은 좌우 대칭이 잘 잡힌 사람을 보면 동공이 커지고, 마음이 끌린다. 특히 남자들은 뇌에서 낭만적인 사랑과 관련된 물질인 도파민이 풍부하게 분비되어 사랑하는 감정을 갖기 쉬운 상태가 된다고 한다. 아기가 얼굴을 인식할 때도 눈, 코, 입 등의 좌우대칭이 중요한 요소다.

대칭은 특히 남자보다 여자에게 더 중요하다. 균형이 잘 잡힌 여자의 나체를 보면 아름답다는 느낌이 드는 것은 좌우대칭을 이루기 때문이다. 좌우가 대칭을 이룬 풍만한 유방을 가진 여자를 보면 남자들은 성욕을 느낀다. 무의식적으로 유방의 좌우 균형이 잘 잡힌 여자들이 자신의 아이를 더 잘 낳아줄 것이라 생각하고, 풍만한 젖을 가진 여자들이 자신의 아이를 건강하고 튼튼하게 키울 것이라고 기대하기 때문이다. 실제로 좌우의 균형이 잘 잡힌 젖무덤을 가진 여자가 짝젖인 여자보다 아이를 잘 낳는다는 연구 결과도 있다.

사람은 자신의 짝을 고를 때 얼굴과 몸이 얼마나 대칭을 이루는지를 무의식적으로 계산하며 약간의 차이에도 민감하게 반응한다. 이는 실험에서도 잘 나타난 사실이다. 뉴멕시코 대학의 심리학 교수 스티브 갠지스태드와 생물학 교수 랜디 손힐은 사람들의 신체적 특징들을 측정해 신체 대칭성 지수를 구한 후, 많은 사람들에게 사진을 보여주며 누구에게 더 매력을 느끼는지를 평가하게 하는 실험을 하였다. 그 결과 매력과 신체의 대칭성이 밀접한 관련이 있는 것으로 나타났다. 인간이 외모가 좌우대칭을 이루는 이성에게 끌리는 것은, 유전적으로 강건한 짝을 선택하도록 안내하는 생식 메커니즘 때문이다. 즉 유전자가 비대칭 외모를 가진 상대를 꺼리고 좌우대칭의 외모를 가진 건강한 상대를 선호하는 것이다.

신체가 대칭을 이루는 사람일수록 유전적으로 질병을 물리치는 능력이 뛰어나다. 평균적으로 더 좋은 유전자를 가졌다고 볼 수 있는 셈이다. 결국 신체의 대칭성은 원기 왕성한 생식능력과 질 좋은 유전자를 통해 형성된 건강함과 아름다움의 증표인 것이다.

손힐은 "좌우대칭이 잘 잡힌 남자일수록 섹스 파트너가 많아 섹스할 기회와 외도할 기회가 많고, 성적 쾌감을 자극하는 비율도 높으며, 지능지수도 높고 사회에서 성공할 확률도 높다"고 말한다. 즉 대칭을 이루는 몸과 외모는 활발한 성호르몬을 갖고 있음을 의미하고, 성호르몬이 활발하다는 것은 좋은 유전자를 갖고 있음을 뜻한다. 매력적인 외모가 결국 좋은 유전자를 갖고 있음을 나타내는 표식인 셈이다.

또 영국 브리스틀 대학의 박희수 박사는 "미국 미식축구리그에서 얼굴이 잘생긴 선수일수록 실력이 좋았다"는 연구 결과를 내놓았다. 이 연구는 잘생긴 남성이 운동 능력 또한 타고났을 가능성이 높다는 가정을 세워놓고 시작한 것이다. 잘생긴 남자로 연구 대상에 오른 남자들은 1997년과 2007년 미국 미식축구리그에서 쿼터백으로 활동한 선수들이었고, 실험에 참가한 사람은 미식축구리그 선수들을 잘 알지 못하는 60명의 네덜란드 여성들이었다. 미식축구 경기에서 가장 중요한 포지션인 쿼터백 선수들의 사진을 보고 60명의 여성들이 점수를 매겼다. 그들은 잘생긴 선수들에게 높은 점수를 주었는데, 실제로 높은 점수를 받은 선수일수록 쿼터백의 자질을 가늠하는 패스 성공률이 높았다. 남성의 운동 능력이 얼굴의 매력도와 깊은 상관관계가 있다는 사실을 입증한 것이다.

동물의 진화 과정에서 수컷이 깃털이나 뿔을 갖게 된 것은 생존을 위한 자연선택의 결과가 아니라 짝짓기를 위한 성선택의 결과인데, 인간사회에서도 그러하다는 것이 박희수 박사의 설명이다. 결국 얼굴이 잘생기고 운동 능력도 뛰어나고 지능도 높은 사람은 '나는 좋은 유전자를 가진 사람이다'라는 신호를 보내고 있는 것과 같다.

오늘날 많은 과학자들은, 자신의 후손을 번성시키기 위해 아름다운 외모를 갈망하도록 하는 욕구가 인간의 유전자에 각인돼 있다는 데 동의한다. 결국 사람들이 아름답고 건강하게 보이고자 성형수술이나 웨이트 트레이닝에 매달리는 것은 유전자의 명령에 따른 아주 자연스러운 행동인 셈이다.

13.

행복한 부부가 되려면 취침 시간을 맞춰라

행복한 부부가 되는 특별한 방법이 있을까? 좋은 관계를 유지하려는 부부들은 공통의 취미나 관심사를 찾기도 하고, 출퇴근할 때 서로 포옹하며 애정을 돈독히 하고자 노력하기도 한다. 그러나 그보다 더 효과적인 방법은 부부가 취침 시간을 맞추는 것이다. 부부가 같은 시간에 잠자리에 들면 좋은 관계를 유지할 수 있다는 얘기다.

물론 부부가 항상 같은 시간에 잠자리에 드는 것은 생각만큼 쉬운 일이 아니다. 하지만 한쪽이 너무 늦게 잠자리에 들면 다른 한쪽은 생체리듬이 방해를 받아 짜증이 나기 쉽고 원만한 부부 생활을 하기 힘들다. 아내는 밤 9시면 잠자리에 드는데 남편은 새벽 1시가 되어서야 취침하는 부부들도 많다. 이렇게 서로 어긋난 취침 시간을 조정할 좋은 방법이 없을까?

봄에만 춘곤증에 시달리는 것이 아니라 계절에 상관없이 늘 잠을 많이 자도 졸리고, 저녁 일찍 잠을 청해도 아침에 일어나기 힘겨워하는 사람들이 있다. 아시아 수면연구학회의 조사에 따르면 대만, 필리핀, 태국 등 아시아인의 44퍼센트는 아침에 깬 뒤에도 졸리고, 60퍼센트는 점심때면 심한 졸음에 시달린다고 한다. 왜 그럴까?

사람에게는 누구나 생체리듬이 있다. 하루 24시간을 주기로 정해진 리듬에 따라 자고, 일어나고, 먹고, 배설하며 살아간다. 인체는 그런 주기에 따라 호르몬을 분비하고 체온을 유지하며 감성과 인지 기능을 작동시킨다. 이런 일정한 리듬에 따라 활동하는 이유는 우리 체내에 생체시계가 있기 때문이다. 밤이 되면 졸리고 아침이 되면 깨는 것 또한 생체시계가 우리 몸을 관리하기 때문이다.

그런데 사람에 따라서는 밤늦게까지 왕성하게 활동하는 대신 아침에 일어나기 힘들어하는 사람이 있는가 하면, 초저녁부터 졸음이 쏟아지기 시작해 일찍 잠에 들고 새벽에 절로 눈이 떠지는 사람도 있다. 또한 저녁에 일찍 자도 아침에 깨기 힘들어하는 사람도 있는데, 이는 생체시계가 생활 패턴에 아직 적응하지 못했기 때문일 수 있다. 예컨대 근무시간이 일러 일의 능률이 오르지 않는 직장인이나, 수업 시간이 일러 밀려오는 졸음 때문에 학습 효율이 올라가지 않는 학생은 자신의 생활 패턴과 생체시계가 어긋나 있는 것은 아닌지 의심해볼 필요가 있다.

수면장애 전문가인 진 매트슨 박사에 따르면, 인간의 선천적인 생체리듬은 일과와 어울리지 않는 경우가 많다고 한다. 이처럼 생체시계와 생활 패턴이 일치하지 않는 현상을 '수면위상지연증후군DSPS'이라고 한다.

수면위상이란 하루 중 잠을 자는 시간이다. 보통 사람은 11시경에 취침하여 다음 날 7시경에 일어난다. 하지만 수면위상이 지연된 사람은 밤 1~2시가 되어야 잠에 들고, 아침에 깨는 일을 매우 힘들어한다. 이렇게 취침 시간이 늦어지면 생체리듬이 깨질 수 있다. 1시경에 잠이 들고 오전 9시에 일어난다면 수면 시간은 8시간이지만, 중간에 햇빛이 숙면을 방해해 잠의 질이 떨어져 실제 숙면 시간은 5~6시간에 불과하기 때문이다.

잠을 많이 자도 졸리는 경우 또한 대부분 수면의 질이 나쁜 게 원인이다. 숙면을 취하지 못하면 아무리 오래 자도 피로가 풀리지 않고 기억력이 떨어지며 신경이 예민해진다. 반대로 수면위상이 너무 앞당겨지면 초저녁부터 졸리고 새벽에 너무 일찍 깨게 된다.

일반적으로 생체시계는 뇌의 시상하부에 있는 교차상핵에서 조절한다. 교차상핵의 내부는 약 1만 개의 신경세포로 가득 차 있다. 이 1만 개의 신경세포 하나하나가 대략 24시간 주기로 변하는 전기신호를 내보낸다. 즉 1만 개의 세포가 모여 우리 몸 전체 세포의 시간을 제어하는 셈이다. 시상하부 교차상핵은 우리 몸의 생체시계를 깨우는 환

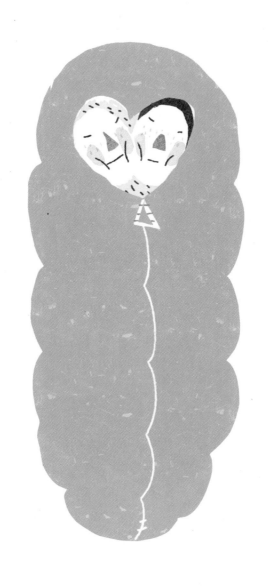

GOOD NIGHT

경요인에 반응하는데, 가장 대표적인 환경요인은 아침 햇살이다.

아침에 눈을 떠 눈이 햇빛을 인식하면 생체시계는 이것을 아침 시보時報로 받아들인다. 이때부터 몸이 12시간 정도 활동 모드를 유지하면서 혈압이나 체온이 올라간다. 빛은 생체시계를 재설정하는 역할도 한다. 그래서 시간대가 다른 나라에 가면 생체시계가 새롭게 맞춰진다. 이외에도 계절에 따른 온도 변화도 생체시계를 깨운다.

그렇다면 '밤형' 생활을 아침에 일찍 일어나는 '아침형'으로 바꾸어 부지런한 사람이 될 수는 없는 것일까? 쉽지는 않겠지만 꾸준히 노력하면 가능성은 있다. 아침형 인간이 되려면 무엇보다 주중, 주말 모두 항상 일정한 시각에 자고 아침 일찍 일어나는 습관을 들여야 한다. 평일에는 아침 일찍 일어났다가 일요일 아침에는 늦게까지 잠을 자면 주중의 수고가 물거품이 된다. 생체시계가 느려져 신체가 다시 과거 상태로 돌아가고, 그러면 월요일 아침에 일찍 일어나는 것이 한층 힘들어진다.

특히 휴일에 낮잠을 자는 것은 좋지 않다. 오후 3시가 지나서 자는 낮잠은 야간 수면에 영향을 미치기 때문이다. 휴일 다음 날에 아침 일찍 일어나고 싶다면 전날 밤에 일찍 자기보다는 전날 아침에 일찍 일어나 생체시계를 재조정해두는 것이 좋다.

우리 몸의 생체시계는 아침 햇살을 인식한 시간부터 14~16시간 뒤에 잠이 오도록 설정되어 있기 때문에 일찍 일어나는 습관을 들이면 밤에 잠을 잘 잘 수 있다. 오전에 햇볕을 쬐면 생체시계가 빨리 가게 할 수 있다. 강한 햇볕을 쬘수록 효과가 더 크다.

반대로 오후 특히 저녁때부터 밤까지 쬔 빛은 생체시계를 느리게 가게 한다. 생체시계를 재설정하는 햇빛의 효과는 오전에 생체시계가 빨리 가도록 하는 작용보다 오후에 생체시계를 지연시키는 작용이 더 강하다. 따라서 저녁 시간에 컴퓨터나 텔레비전 화면, 스탠드 조명 등의 빛을 접하면 뇌가 낮으로 착각하기 때문에 쉽사리 잠을 청하기 어려워진다. 그러므로 밤형 생활을 아침형 생활로 바꾸고 싶다면 오전 중에 강한 빛을 쬐고 저녁에는 되도록 빛을 피하는 것이 좋다.

월요일 아침, 상쾌한 기분으로 한 주를 시작하고 싶다면 눈을 뜨자마자 몸에 아침이 왔다는 신호를 보내 생체시계를 바로잡아 나가자. 우선 커튼을 젖히고 방 안 가득 들어오는 밝은 햇볕을 쬐어 몸에 '아침의 신호'를 될 수 있는 한 많이 보내자. 햇볕에 반응한 생체시계가 지구의 자전주기에 맞춰 활동을 시작할 것이다.

14.

여성도 운동하면 남성처럼 튼튼해진다

우리 몸에는 약 5리터의 혈액이 있다. 혈액은 영양분을 세포에게 운반해줄 뿐만 아니라 이산화탄소와 같은 불필요한 찌꺼기를 폐까지 운반해준다. 혈액은 세포인 적혈구, 백혈구, 혈소판과 액체인 혈장으로 이루어져 있다. 적혈구는 빨갛고 원반 모양의 일정한 형태를 띠는 반면 백혈구는 일정한 모양과 색깔이 없다. 혈소판은 거의 물로 이루어져 있으며 상처를 입었을 때 몸 밖으로 흐르는 피를 굳게 하여 멈추게 하는 역할을 한다.

적혈구의 가장 중요한 기능은 산소를 운반하는 것이다. 적혈구에는 철을 포함한 헤모글로빈이라는 것이 있는데, 이것은 산소가 많은 곳에서는 산소를 품고 산소가 적은 곳에서는 산소를 뱉어낸다. 따라서 적혈구는 산소가 많은 폐(허파)에서 산소가 적은 조직으로 산소를 운반해준다. 즉 적혈구는 심장으로 들어가 폐라는 산소 창고에서 산소를 꺼내 자신의 몸속에 가득 채운다. 그리고 심장에서 나와 온몸 구석구석을 다니면서 각 기관들에 산소를 나눠주고 대신 체내에서 생산되는 이산화탄소를 받아 폐까지 운반한다. 헤모글로빈 100밀리리터 속에 약 20그램의 산소를 가지고 다니면서 운반한다. 100밀리리터에 약 0.3그램의 산소가 녹아 있는 물에 비하면 적혈구는 약 70배나 많은 산소를 지니고 있는 것이다.

적혈구는 동그랗게 생겼는데, 성숙하면 핵이 사라지면서 가운데 부분이 손가락으로 꾹 눌러놓은 것처럼 오목해진다. 오목한 원반 모양 덕분에 적혈구는 표면적이 최대로 커져 산소를 더 많이 실을 수 있다. 적혈구에 실은 산소가 떨어지지 않게 붙들어주는 역할은 헤모글로빈이 맡는다. 사람은 숨을 쉬지 못하면 죽는데, 그것은 바로 몸속에 산소가 사라지고 이산화탄소만 남기 때문이다. 몸속에 산소가 많더라도 적혈구 또는 헤모글로빈에 이상이 생겨 잘 운반하지 못하면 빈혈이 생기거나 생명을 잃을 수 있다. 적혈구는 산소가 많을수록 밝은 빨간색을 띠고, 이산화탄소가 많을수록 색이 탁해진다. 다시 말해 심장으로 들어갔다 나올 때는 가장 밝은 붉은색을 띠고, 다시 심장으로 들어가기 직전에는 가장 탁한 붉은색을 띤다. 사람의 피가 빨간색인 것은 이 적혈구 때문이다.

적혈구는 척추 속에 있는 골수에서 만들어지는데, 골수가 발달하지 않은 태아 때는 간이나 비장(지라)에서 만들어진다. 뼈의 가운데 빈 곳을 채우고 있는 연한 조직인 골수는 혈액을 만들어내는 공장이다. 적혈구와 백혈구의 일부, 혈소판 등이 모두 골수에서 만들어진다. 골수는 일반적으로 일부 뼛속의 해면질에만 분포해 있다. 뼈의 주된 역할은 몸을 지탱하거나 근육을 보호하는 것이지만 뼈의 내부 틈을 이용하여 혈구까지 만들어내는 것이다.

적혈구는 120일 정도 사는데, 백혈구가 일주일 후에 파괴되는 것에 비하면 꽤 오래 사는 편이다. 적혈구는 살아있는 동안 총 144킬로미터에 달하는 혈관을 돌며 일을 한 후 간이나 비장으로 운반되어 파괴된다. 1초에 무려 240만 개 정도의 적혈구가 파괴되지만, 몸 전체의 적혈구 수에 비하면 아주 적은 수에 지나지 않는다. 또한 파괴되는 숫자만큼 계속 골수에서 만들어지므로 적혈구의 수는 항상 일정하게 유지된다.

그런데 남자의 혈액은 여자의 혈액보다 무게가 더 나가며 적혈구도 10퍼센트나 더 많다. 남자의 혈액에는 1밀리리터당 약 500만 개의 적혈구가 있고, 여자의 혈액에는 450만 개 정도의 적혈구가 있다. 우리 몸속에는 약 5리터의 피가 있으니, 남자는 여자보다 적혈구가 대략 25억 개 정도 많은 셈이다.

이처럼 적혈구 수에 차이가 있다는 것은 산소를 운반하는 능력에서도 10퍼센트 정도 차이가 난다는 것을 의미한다. 즉 남자가 산소를 더 많이 받아들이며, 이것은 남자가 더 정력적이라는 것을 뜻한다. 똑같은 상황에서 근육으로 운반되는 산소의 양에 차이가 나는 만큼 근육에서 만들어내는 에너지에도 차이가 나기 때문이다. 따라서 남자가 여자보다 심신의 활동력이 왕성하고, 여자는 남자보다 피곤함을 잘 느낀다. 이러한 차이는 여성들이 매달 월경을 할 때마다 많은 피를 배출하기 때문일 수도 있다.

남자가 여자보다 적혈구가 더 많은 것은 선천적인 차이라기보다는 운동량에 따른 후천적인 차이라는 견해도 있다. 일반적으로 남자들이 여자들보다 더 활동적이어서 근육이 튼튼해지고 뼈의 탄력이 높아져 적혈구까지 늘어난다는 것이다. 몸을 많이 움직이는 여자 운동선수가 보통 남자들보다 적혈구 수가 훨씬 많다는 사실이 이러한 견해를 뒷받침한다.

남성들처럼 탄탄한 근육을 뽐내고 싶은 여성이라면 당장 운동을 시작해보자. 꾸준히 운동을 하면 근육만 튼튼해지는 것이 아니라 적혈구 수도 늘어나 모든 신체 기능이 더욱 왕성해질 것이다.

15.

매력적으로 보이려면 낮에 성교하라

인간은 지구상에서 가장 활발하게 성생활을 하는 동물이다. 다른 많
은 동물들과는 달리 인간은 매일매일 성행위를 할 수 있다. 성행위를
하는 시간도 보통 30분에서 한 시간 정도로 상당히 길다. 성욕이 강
한 사람은 저녁 내내 탐닉하기도 한다.

그러나 동물들의 교미 시간은 상당히 짧다. 예를 들어 인간과 생물학
적으로 가장 가까운 동물인 개코원숭이는 교미 시간이 겨우 8초 정도
밖에 안 된다. 사자는 이보다 더욱 짧게 교미를 하고 끝낸다.

가장 왕성한 성생활을 하는 민족으로 유명한 폴리네시아의 만가이
족은 결혼을 매우 일찍 하는데, 18세의 만가이족 부부는 평균 매일
밤 3회의 성관계를 갖는다고 한다. 이들의 성관계 횟수는 28세에 이
를 데까지는 전혀 감소하지 않다가 28세가 지나서야 매일 밤 2회로

떨어진다고 한다.

옛날 사람들은 사정으로 끝나는 인간의 성행위가 인체에 아주 유해할 뿐 아니라 추잡스럽고 저급한 행위라고 생각했다. 일반인은 물론이고 의학의 아버지로 불리는 히포크라테스조차도 그러했다. 히포크라테스는 사정을 수십 회 하면 척수가 큰 손상을 입어 병적 장애를 일으킬 염려가 있다고 말했을 정도다. 히포크라테스는 남자의 정자는 척수에 의해 만들어지므로 사정 과정에서 척수가 차츰 소모된다고 생각했다.

하지만 오늘날에는 성행위를 아름다운 것으로 여긴다. 전문가들은 건강한 성생활이 오히려 인체에 도움이 된다고 생각한다. 인간은 성교 중에 가장 매력적으로 보인다고 말하기도 한다. 인체에 어떤 변화가 일어나기에 그렇게 보이는 것일까?

폴 임 박사의 『책 속의 책』에 따르면, 성관계를 맺을 때는 남녀 할 것 없이 신체에 많은 변화가 일어난다고 한다. 먼저 동공이 확장되고 눈에서는 광채가 뿜어져 나온다. 흥분이 고조되면서 혈액이 신체 내부에서 피부 표면으로 분포되기 시작하고, 입술은 촉촉해지면서 부풀어 오른다. 피부는 손으로 만지면 느낄 수 있을 정도로 뜨거워지고 붉어지는데, 이와 같은 현상은 여성에게서 두드러지게 나타난다. 실제로 여성의 75퍼센트에게서는 등과 가슴, 그리고 목 언저리의 피부에 발진처럼 보이는 것이 나타나며 이는 오르가슴 직후에 사라진다.

남녀 모두 젖꼭지가 일어서나 여성의 젖꼭지가 더욱 눈에 띄게 일어서고, 유방도 전희 중에는 24퍼센트 정도 팽창한다.

이렇듯 인체의 가장 아름다운 모습을 표출하는 성행위를 사람들은 주로 밤에 한다. 현대인들은 대체로 낮에는 직장에서 일하기 때문에 하루 일과가 끝나고 잠자리에 눕는 시간을 택할 수밖에 없을 것이다. 또 밤에는 피곤해서 발기가 잘되지 않는 사람들은 성기가 자연스럽게 발기되는 새벽에 성관계를 하기도 한다.

〈뉴잉글랜드 의학 학술지〉에 실린 보고서에 따르면 가장 인기 있는 성교 시간대는 일하지 않고 편히 쉴 수 있는 주말 오후 11시라고 한다. 피곤하지 않은 시간을 택하는 것이다. 특히 여성은 둥근 보름달이 뜨는 밤을 가장 선호하는데, 그때는 여성의 성적 반응이 30퍼센트 정도 더 활발해진다고 한다.

그러나 과학자들의 연구 결과, 성교에 가장 좋은 시간은 해가 밝게 빛나는 대낮인 것으로 밝혀졌다. 햇빛이 난소와 고환을 조절하는 뇌하수체의 활동을 촉진해 성적 충동을 증대시킨다는 게 그 이유다. 반면 어두울 때 성교를 하면 성적 감흥이 낮보다 줄어든다. 밤에는 배란과 정자 생산을 억제하는 멜라토닌이 낮보다 무려 다섯 배나 많이 분비되고, 성적 욕망을 통제하는 호르몬이 생산되기 때문이다.

인디애나 대학의 성생활 연구소에서 1년간 매월 조사한 '남성의 성적 충동을 조절하는 호르몬 테스토스테론의 분비량 수치'도 이를 입증한다. 이들이 연구를 진행하는 동안 햇빛이 강렬한 여름과 초가을에 테스토스테론 수치가 가장 높게 나타난 반면 추운 겨울에는 가장 낮게 나타났다. 또한 성교율이 최고에 달한 때는 1년 중 낮이 긴 날이 가장 많은 7월이었다. 재미있는 것은 이때 피임 기구 판매량과 성병 발생률이 절정을 이룬다는 사실이다.

남성호르몬은 일반적으로 성욕을 증가시키고 지방 분해를 촉진한다. 따라서 남성호르몬이 감소하면 체내 지방이 증가해 고혈압과 고지혈증 등의 질환이 생길 수 있고, 체내 지방에 의해 인슐린 내성이 생겨 당뇨병이 생길 수도 있다. 이처럼 남성들에게는 남성호르몬 수치가 건강에 굉장히 중요한 요소다. 정력이 세다는 것은 그만큼 몸의 전반적인 기능들이 제대로 작동하고 있다는 것을 의미한다.

그렇다고 무턱대고 낮 시간대에만 성교하라는 것은 아니다. 정력에 자신이 없는 사람들은 자신에게 맞는 시간을 선택하는 것도 좋은 방법이다. 체력과 나이를 고려하지 않은 과도한 성생활도 좋지 않지만, 성관계를 너무 드문드문 하는 것도 정력을 떨어뜨리는 원인이 된다. 특히 중년 이후에는 오랜 금욕이 돌이킬 수 없는 결과를 초래할 수도 있으므로 자신의 체력에 맞는 시간대를 선택해 규칙적으로 성관계를 하는 것이 좋다.

동물들도 햇빛이 강렬한 여름과 초가을에 교미를 자주 한다. 그래서 봄과 초여름에 새끼들이 가장 많이 태어난다. 이는 아마도 혹독한 겨울을 피해 새끼를 낳으려는 어미들의 생존 전략인 듯싶다.

그러니 남성과 여성들이여, 성적 감흥을 최대한 불러일으키고 싶거든 성교 시간을 낮 시간대로 잡아라. 그러면 당신의 매력을 훨씬 더 강하게 발산할 수 있을 것이다.

16.
가정적인 남성을 찾는가,
남성호르몬이 적은 남성이 좋다

섹스할 때 남성들이 종종 품는 궁금증이 하나 있다. 상대 여성이 자신이 사정하는 강도를 느낄 수 있을까 하는 것이다. 여성의 질 안에 사정할 때, 남성이 정액을 사출하는 강도는 남성이 느끼는 오르가슴의 척도가 된다. 힘차게 사정할 때 남자들은 오르가슴의 극치를 느낀다. 반대로 시냇물처럼 힘이 없거나 병아리 눈물만큼 사정액이 적을 때는 소변을 보다 만 기분이 든다. 그렇다면 남성이 정액을 뿜어내는 강도는 여성의 오르가슴 강도에도 영향을 미칠까?

남성이 정액을 발사할 때는 여성도 그 느낌을 받는다. 사정액의 양과 강도에 따라 여성이 받는 느낌도 다르다. 마치 질 속 깊숙이 물총을 쏘듯이 강하게 사정할 때는 여자들 또한 아주 짜릿한 쾌감을 느낀다. 정액을 강하게 많이 뿜어내는 사정을 여성 역시 좋아한다는 얘기다.

일반적으로 성적으로 흥분하거나 오르가슴을 느낄 때 나오는 애액은 여성의 전유물처럼 여겨져왔다. 삽입 운동을 유연하게 할 수 있도록 도와주는 애액이 주로 여성의 질 벽에서 나오기 때문이다. 그래서 성교 때 애액이 풍부하게 분비되는 여성의 성기를 '명기'로 일컫기도 한다.

그런데 호주의 한 인터넷 사이트에서 여성 회원들을 대상으로 설문조사를 한 결과, 무려 80퍼센트의 여성이 '물 많은 남자'를 선호한다고 고백했다. 사정하는 순간 강하게 뿜어내는 정액이 여성에게 또 다른 쾌감을 준다는 것이다. 여성은 자신의 사정으로 오르가슴을 느끼기도 하지만 뜨거운 정액의 강한 수압(?)과 힘찬 박동에 의해서도 오르가슴을 느낀다는 것이다.

한 가지 흥미로운 사실은 남자들이 사정할 때 부성 본능을 느낀다는 점이다. 신경과학자인 수 카터와 톰 인셀은 사정할 때 아비로서 아이에게 애착을 느끼게 하는 원인 물질을 들쥐의 수컷에게서 찾아냈다. 이들에 따르면, 초원지대에 사는 수컷 들쥐는 사정할 때 뇌 속의 바소프레신 수치가 올라가면서 배우자와 새끼에 대한 지극한 열성을 자극한다고 한다. 또한 암컷 들쥐가 출산하고 아기를 돌봐주는 시기에도 수컷의 뇌에서 바소프레신 수치가 높게 나타났다고 한다. 바소프레신이 아비가 새끼와 함께하는 시간을 늘려주는 셈이다.

이를 과학적으로 증명하고자 카터와 인셀은 총각 들쥐의 뇌에 바소프레신을 주입해보았다. 그러자 총각 들쥐들은 즉각 다른 수컷들이 얼씬거리지 못하게 자기 주변을 방어하고 난 후 한 마리의 암컷에게만 소유욕을 보였다. 또 기존에 암컷과 짝을 지어 잘 살던 수컷들도, 바소프레신을 주사하고 새 암컷을 보여주면 그 암컷하고만 짝을 이뤘다. 그 후 또 다른 암컷을 넣어주어도 아무런 반응을 보이지 않았다. 일반적인 상황이라면 수컷은 얼른 새로운 암컷에게로 달려갈 것이지만, 그들은 오로지 새로 짝을 맺은 암컷의 곁만을 지켰다.

반대로 바소프레신 분비를 억제하는 약물을 투여하자 수컷 들쥐들은 갑자기 바람둥이로 돌변했다. 지금까지 같이 살던 암컷을 버리고 다른 암컷을 찾아 이곳저곳을 떠돌아다녔다. 또 한 암컷과 교미한 뒤에 계속 다른 암컷과 짝지을 기회를 엿보았다. 자신의 새끼 또한 나몰라라 하고 팽개쳐버렸다. 이러한 실험 결과는 사회적·성적 행위에 신경전달물질이 중요한 역할을 한다는 것을 보여준다.

바소프레신은 성적으로 흥분했을 때나 성행위 중에 많이 분비된다. 남성의 경우 바소프레신 분비량이 평소보다 다섯 배 이상 많아진다. 바소프레신 분비가 늘어나면 남성은 파트너에게 이전보다 더 많은 유대감을 느끼고 자신의 아이를 낳아줄 상대를 빼앗기지 않으려고 다른 남성에 대한 적대감을 키운다. 바소프레신은 자연이 수컷 포유동물들에게 부성 본능을 일깨워주고자 부여한 화학물질이라고 할 수 있다.

흔히 "아이가 태어나면 남자들은 가정적으로 변하면서 철이 든다"고 말하곤 한다. 정말 그럴까? 뇌 속 테스토스테론 수치가 계속 높은 상태로 유지되는 젊은 시절에 남성들은 짝짓기와 섹스, 보호, 위계질서에 관심을 집중한다. 그러다 아이가 태어나면 남자의 뇌는 큰 변화를 겪는다. 남자들은 아내의 임신 기간과 출산 직후에 프로락틴(젖분비 호르몬) 수치는 올라가고 테스토스테론 수치는 떨어진다. 이에 따라 성욕은 억제되며 아기의 울음소리를 잘 들을 수 있도록 청각 회로가 발달한다.

또 남성이 단지 아기를 안고 있을 때조차도 테스토스테론 수치는 낮아진다. 이는 아이에 대한 애착 때문이다. 이처럼 남성이 아이에게 애착을 느끼면 테스토스테론 수치가 떨어지면서 아이를 보호하려는 책임감이 생기는데, 이를 우리는 "철이 든다"고 표현하는 셈이다.

테스토스테론 수치와 아이에 대한 애착은 반비례할 때가 많다. 아이에 대한 애착이 너무 강하면 욕정이 시들해진다. 오랫동안 안정적으로 결혼 생활을 해온 부부들의 섹스 횟수가 적은 이유도 이 때문이다. 반면 테스토스테론 수치가 높은 남자들은 바람을 많이 피우고 배우자를 자주 학대하는 편이다. 다시 말해 가정적이지 못하고, 아이에 대한 애착이 덜하다.

신체의 내분비기관에서 생성되는 화학물질인 호르몬이 부성 본능을 일깨우기도 하고 반대로 아이에 대한 애착을 줄이게도 한다니, 참 아이러니하다. 지금 내 몸 안의 호르몬은 어떤 모습의 아버지를 만들고 있는지 한번쯤 생각해보자.

행복의 비밀 2 : Everyday

17.

쇼핑을 좋아하는 세포는 여성에게만 있다

즐거운 주말, 아내의 요구로 부부가 백화점에 갔다. 아내는 옷 진열대로 향한다. 자신이 좋아하는 옷, 자신의 개성을 나타낼 수 있는 옷, 지금 유행하는 옷을 찾아 이리저리 돌아다닌다. 이 옷도 입어보고 저옷도 입어보느라 옷 한 벌 구매하는 데 몇 시간이 걸린다. 거기다 한 술 더 떠서 아내는 남편이 쇼핑에 동참해주기를 원한다. 사이좋게 팔짱을 끼고 함께 물건을 고르며 대화를 나누는 다정한 모습을 보여주길 바란다. 한편 남편은 다른 핑계를 대거나 사소한 트집을 잡아 되도록 쇼핑을 피해보려 한다. 하지만 남편이 아무리 싫어하는 내색을 비쳐도 아내는 꿈적도 하지 않는다.

남편은 직장에 입고 나갈 셔츠를 보러 남성 매장으로 간다. 이것저것 볼 것 없이 필요한 셔츠 하나 사면 쇼핑 끝이다. 이렇게 남자들은 쇼핑을 몇 분 만에 후딱 해치울 때가 많다. 쇼핑 중에 쓸데없이 말을 많이 시키면 귀찮아하고, 물건을 고르다가도 점원이 나서서 참견하면 '내 안목을 신뢰하지 못해서 이러는 것인가' 하고 불쾌하게 생각한다. 점원이 신경을 많이 쓸수록 남자는 부담스러워한다.

그렇게 금세 쇼핑을 끝낸 남편은 '이게 좋을까? 저게 좋을까?' 망설이는 아내를 짜증스럽게 바라본다. 이리저리 사람들에게 치이면서도 매장마다 들러 물건을 살펴보는 아내의 행동을 도저히 이해할 수 없다. 이러한 남녀의 차이 때문에 연인이나 부부가 쇼핑 현장에서 갈등을 빚는 모습을 쉽게 볼 수 있다. 남자와 여자는 쇼핑을 할 때 왜 이리 다른 양상을 보이는 걸까?

여자는 쇼핑 자체를 즐기지만 남자는 단지 필요한 물건을 구할 목적으로 쇼핑하기 때문이다. 스트레스를 풀고자 남자가 술을 마시듯이, 여자는 쇼핑에 나선다. 여자에게 쇼핑은 최고의 놀이이며, 쇼핑 장소는 최고의 놀이터인 셈이다. 여자들은 쇼핑을 통해 스트레스를 해소할 때가 많다. 무엇을 사는 게 중요한 것이 아니라 쇼핑 자체가 여자의 스트레스를 풀어주고 여자로서 뭔가 했다는 기분 좋은 느낌을 선사한다. 반면 남자들은 필요한 것을 사려고 쇼핑하기 때문에 소기의 목적을 달성한 후에는 쇼핑에 대한 흥미가 급격히 줄어든다. 그래서 딱히 살 것도 없는데 오랜 시간 여기저기 둘러보며 쇼핑하는 것을 못 견디는 것이다.

아이오와 주립대학의 타히라 히라 교수가 2000명을 대상으로 설문 조사한 결과, 여자들이 남자들보다 "필요하지 않아도 물건을 산다"(여자 36퍼센트, 남자 18퍼센트), "단지 세일을 하기 때문에 물건을 살 때도 있다"(여자 24퍼센트, 남자 5퍼센트), "충동구매를 할 때도 많다"(여자 36퍼센트, 남자 18퍼센트), "무엇인가 축하할 일이 있을 때 쇼핑을 한다"(여자 31퍼센트, 남자 19퍼센트)는 항목에 '그렇다'고 응답한 비율이 높았다.

남녀가 쇼핑 방식에서 이와 같은 차이를 보이는 것은 무엇 때문일까? 뇌과학자들은 뇌의 구조적 차이 때문이라고 말한다. 남자는 좌뇌를 빨리 사용하여 바로 행동으로 옮기는 반면 여자는 우뇌를 더 잘 사용하여 복잡한 문제를 잘 분석해내는 능력이 있다. 그래서 남자들은 물건을 살 때 상점에 가서 필요한 물건만 집어 들고는 바로 값을 치르고 나온다. 그러나 여자는 쇼핑을 하면서 이것저것 둘러본다. 그러다가 처음에 사려고 했던 것보다 더 많은 물건을 사고 만다. 이를 두고 여자의 뇌 뒤쪽 부위에 '쇼핑 좋아하는 세포'가 있기 때문이라고 말하는 과학자도 있다. 이와 같은 차이는 어느 한편이 더 영리하고 효율적이라는 것을 뜻하기보다는 남자와 여자가 정보를 평가하고 처리하는 방식이 다르다는 것을 의미한다.

여자들은 관계를 중시하고 주변 사람들의 의견에 동조하는 성향이 강하다. 따라서 인터넷에서 정보를 구하고 친구, 동료, 가족, 가까운 지인에게 구매 정보를 얻는 와중에 구매 확신이 일어날 가능성이 높다.

주변 사람들의 의견을 많이 참고하기 때문에 여성들을 타깃으로 하는 상가에서는 입소문을 이용한 판매 전략을 세우곤 한다.

히라 교수는 "남자와 여자의 쇼핑 방식이 다를 수밖에 없음을 인정해야 한다"고 강조한다. 서로 차이점을 존중하면 얼마든지 남녀가 함께 즐겁게 쇼핑할 수 있다는 것이다. 최근에는 이런 인식차를 극복하고 남녀가 같이 쇼핑을 즐기는 분위기가 확산되고 있고, 남자도 자기를 가꾸는 시대가 되면서 쇼핑에 열광하는 남자들도 늘고 있다. 보통 여자들은 조금씩 조금씩 돈을 쓰지만, 남자들은 한번에 큰돈을 쓴다. 그래서 쇼핑할 때도 남녀가 돈을 쓰는 방식을 놓고 티격태격 하는 것이다. 그렇지만 쇼핑을 하면서 부부가 똑같은 방식으로 돈을 쓴다면 어떻게 될까? 아마도 지나치게 합리적인 소비만 고집하는 자린고비가 되거나 쓸데없는 물건을 잔뜩 사들이는 헤픈 소비자가 될 것이다. 생물학적인 이유 말고도 경제학적인 이유에서도 남자와 여자는 서로에게 가까워질 수밖에 없는 존재인 것이다.

18.

살을 빼고 싶다면
먼저 갈등이 있는 친구와 화해하라

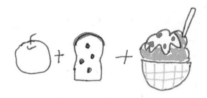

노처녀의 애환을 다룬 영화 「브리짓 존스의 일기」를 보면 남자에게 사랑과 관심을 받지 못한 30대 초반의 여성이 흡연과 폭식으로 자신의 피곤한 심신을 달래는 장면이 나온다. 남자 친구와 헤어진 여자, 연인에게 바람을 맞은 남자들 가운데는 집에 돌아와 음식을 먹으면서 쌓인 울분을 풀어대는 사람들이 많다.

심리학자들에 따르면 인간은 기분이 좋을 때는 많이 먹지 않지만 기분이 가라앉으면 마구 먹는 습성이 있다고 한다. 케이스웨스턴리저브 대학의 데이비드 M. 타이스 교수에 따르면, 인간은 욕구불만이 쌓이면 이를 단번에 해소해줄 쾌락적인 수단을 찾게 된다고 한다. 그러면서 이러한 때 가장 빨리 효과를 얻을 수 있는 것 중 하나가 먹을거리라고 진단한다.

미국의 정신분석학자 로저 굴드는 이를 '정서적 허기emotional hunger'라고 표현했다. 그는 화가 날 때, 우울하거나 불안할 때, 지겹거나 외로울 때, 가까운 사람과 갈등이 생긴 때는 정서적 허기가 생겨 배가 고플 수 있다고 말한다. 자신에게 상처를 준 사람이 떠오르거나 그 사람에게 복수하고픈 마음, 당시에 제대로 대처하지 못했다는 후회가 밀려올 때도 배고픔을 느낀다. 반대로 갈등이 있던 친구와 화해할 때, 누군가와 아주 가까워져 그를 믿을 수 있다고 느낄 때는 시도 때도 없이 느껴지던 배고픔이 사라진다.

행복감에 젖어 있는 사람들은 활동량이 많고 적극적으로 행동한다. 이들은 먹을거리로 기분을 고조시키는 행동은 거의 하지 않기 때문에 음식을 탐하는 일이 적고, 결국 날씬해진다. 반면 불안감에 휩싸여 있거나 부정적인 환경에 놓인 사람들은 이런 초조감에서 잠시라도 벗어나고자 자꾸 주변에 있는 먹을 것에 손을 대며, 결국 뚱뚱해진다.

누구나 한두 번쯤은 스트레스를 받거나 화가 났을 때 과도한 폭식을 한 적이 있을 것이다. 스트레스를 받으면 유독 많이 먹게 된다. 먹어도 먹어도 음식이 당긴다. 스트레스로 인해 기운이 약해진 몸이 끊임없이 허기를 느끼기 때문이다. 과학적인 관점에서 봤을 때 이와 같은 현상이 생기는 이유는 무엇일까?

한마디로 세로토닌 호르몬 때문이다. 사람의 대뇌와 척수 사이에 위치한 시상하부에는 식사를 하고 나면 배부른 느낌이 들게 하고 식욕을 조절하는 포만중추가 있다. 이 포만중추에 세로토닌이 관계한다. 사람이 탄수화물을 섭취하면 혈중 세로토닌 농도가 높아져 포만중추를 억제한다.

뇌에서 신경전달물질로 기능하는 세로토닌은 식욕중추에 영향을 미친다. 기분이 좋을 때는 세로토닌 분비량이 많아져 포만감을 느끼게 해 식욕을 억제해준다. 그래서 배고픔을 잊게 한다. 또 행복감 때문에 맛없는 음식을 먹어도 맛있게 느껴진다. 그런데 화가 날 때는 이와 반대되는 현상이 벌어진다. 불안하거나 스트레스를 받을 때는 세로토닌 분비량이 줄어들면서 무언가 마구 먹고 싶어진다. 그야말로 허기를 느끼는 것이다.

공복감과 포만감은 다양한 호르몬들이 유발한다. 예를 들어 뉴로펩티드 Y Neuropeptide Y라고 하는 호르몬과 저혈당은 허기를 느끼도록 자극한다. 반대로 세로토닌과 콜레시스토키닌Cholecystokinin이라는 호르몬과 혈중의 각종 영양소들은 포만감에 영향을 미친다. 물론 심리적으로도 배가 고프거나 부르거나 하는 느낌이 들지만, 음식을 얼마나 먹을지 결정하는 데 가장 큰 영향을 미치는 요소는 바로 식욕이다.

미국수면재단NSF은 잠을 적게 자면 포만감을 느끼게 하는 렙틴 호르몬도 적게 분비되어 허기를 느끼게 되고, 그러면 자연스레 음식을 많이 먹게 되어 비만이 될 가능성도 커진다고 한다. 잠이 부족하면 식욕을 억제하는 호르몬인 렙틴의 분비량이 줄고 대신 식욕을 촉진하는 그렐린의 분비량이 늘어난다. 밤늦게까지 잠을 자지 않고 있다 보면 야식을 시켜 먹거나 라면을 먹게 되는 이유가 여기에 있다.

그런데 재미있는 것은 남자는 배가 고플수록 풍만한 여성을 좋아한다는 사실이다. 영국 유니버시티칼리지의 바이런 스와미 박사 팀은, 저녁 식사 시간에 교내 식당에서 배가 고픈 단계에 따라 학생들을 1~7등급으로 나눈 뒤 배고픈 남자 30명과 배부른 남자 31명을 골라 식욕과 이성을 선호하는 기준 사이의 상관관계를 알아보았다.

연구 팀이 여성 50명의 전신사진을 보여주고 배고픈 남자들의 반응을 조사했다. 배고픈 학생들은 배부른 학생들이 매력적이라고 평가한 여성들에 비해 몸무게가 더 많이 나가는 여성들을 매력적이라고 평가했다. 신체의 생리와 혈당치, 호르몬 수치 등 배고픔을 결정하는 요인이 인지 상태와 욕구, 관심사에 영향을 미친다는 것을 보여주는 연구 결과다. 식욕과 이성을 선호하는 기준이 상관관계가 있다는 이 생물학적 연구 결과가 너무 인간적으로 느껴지지 않는가.

19.

매력적인 여성이라면 화장하지 마라

현대 사회에서 화장은 미의 기본 조건이 되었다. 외모 지상주의가 비판을 받고 있지만, 여전히 세상 사람들은 의료비용보다 더 많은 돈을 옷과 화장품을 구입하는 데 쓴다. 좀 더 아름다워지고 싶은 욕구를 '자기 연출'이나 '자신의 가치 표현'이라는 거부감 없는 표현으로 포장하면서 말이다. 오늘도 여자들은 조금이라도 예쁘게 보이려고 부지런히 화장을 한다.

화장은 자신의 얼굴을 좀 더 사회적인 얼굴로 바꾸는 행위다. 자기만족을 위해서 화장을 하기도 하지만, 타인에게 동질감과 안도감을 줘 친밀한 관계를 맺으려는 외면적 커뮤니케이션이 화장이라고 말하는 사람도 있다.

인간이 화장을 시작한 지는 굉장히 오래되었다. 기원전 3000년경의 주검이나 동굴벽화에서도 화장한 모습이 발견된다. 이는 종교적인 제술에서 기원했을 수도 있지만 배우자에게 매력적으로 보이려는 목적 또한 분명히 있었던 것으로 추정된다.

오늘날 화장은 자신의 고유한 매력을 부각하는 가장 강력한 도구로 쓰인다. 여성이 화장하는 이유를 전문가들은 '전형적인 얼굴에서 이탈하지 않으려는 안간힘'이라고 표현한다. 그러나 생물학적 관점에서 바라보면 '미'는 번식을 위한 전주곡이다. 모든 동식물은 구애하기 전에 자신을 화려하게 가꾼다. 번데기는 나비로 탈바꿈하고, 번식기의 새끼 공작은 환상적인 색채가 어우러진 깃털을 뽐낸다. 꽃은 꽃가루받이가 되어줄 곤충을 착륙 지점으로 유혹하고자 그토록 아름다운 색채와 향기를 뽐낸다.

여성이 화장을 하는 데도 분명 이유와 동기가 있다. 그 첫째 이유는 다른 생명체와 별반 다르지 않다. 남성에게 아름답게 보여 좋은 배우자를 만나려는 이유다. 또 남들에게 주목받거나 고객에게 호감을 주고 싶어서도 화장을 한다. 외모에 대한 콤플렉스를 극복하려는 절실한 마음에서 화장하기도 한다.

그렇다면 남성들은 여성의 화장을 어떻게 받아들일까? 남성들은 젊음과 아름다움의 증거를 시각적으로 보여주는 여자를 좋아한다. 건강하고, 어려 보이고, 원기 왕성하고, 성격이 밝은 것은 성호르몬인 에스트로겐 수치가 높다는 증표이기 때문이다. 다시 말해 남성들은

무의식적으로 에스트로겐 수치가 높은 여자를 선호하는 것이다.

에스트로겐 수치가 높다는 것은 무엇을 의미할까? 에스트로겐은 생식에 도움이 되는 호르몬이다. 결국 남성은 생식능력이 높은 여성들에게 이끌린다는 얘기다. 남자들은 무의식적으로 아기를 갖고 기르는 데 도움이 되는 자질을 가진 여자를 더 좋아하는 것이다.

이러한 사실은 스코틀랜드 세인트앤드루스 대학의 미리엄 로 스미스 교수 팀의 연구 결과와도 일치한다. 연구 팀에 따르면, 에스트로겐 수치가 높은 여성들이 얼굴도 더 예쁘다고 한다. 에스트로겐이 뼈가 성장하는 데 도움을 주고 피부 결을 곱게 만드는 등 외모에 영향을 미치기 때문이라는 것이다.

스미스 교수 팀은 화장하지 않은 18~25세의 젊은 여성 59명의 얼굴 사진을 찍어 30명의 지원자들(15명의 남성과 15명의 여성)에게 보여준 후 매력적이라고 생각하는 순서대로 순위를 매기게 했다. 그런데 모든 지원자들이 에스트로겐 수치가 높은 여성들의 얼굴을 매력 있는 얼굴로 분류했다. 지원자들이 높은 순위로 꼽은 여성들은 눈과 입술이 크고 코와 턱이 작은, 전통적으로 아름다운 여성의 기준이라고 생각해온 특징을 지녔다.

그러나 같은 여성들이 화장한 모습을 찍은 사진으로 다시 순위를 매기게 했더니, 호르몬 수치가 매력도에 아무런 영향을 미치지 못한 것으로 나타났다. 화장이 원래 얼굴을 가렸기 때문이다. 여성은 얼굴로 그들의 생식능력을 효과적으로 광고하는데, 화장이 이러한 광고 효과를 방해해 오히려 매력도를 떨어뜨린 것이다.

이러한 연구 결과에 대해 영국 리버풀 대학의 생물학과 토니 리틀 교수는 "남성들이 에스트로겐 수치가 높은 특정한 유형의 얼굴을 가진 여성을 선호하는 이유는 자신들에게 분명 도움이 될 것이라고 믿기 때문인데, 여성들이 화장으로 그러한 남성들의 시각 시스템을 바보로 만들 수 있다"고 설명했다.

이 연구를 주도한 스미스 교수는 "화장은 매력이 덜한 사람들에게는 확실히 도움이 된다"고 말한다. 화장은 남성들에게 그다지 호감을 사지 못하는 여성들의 부족한 점을 보완해준다. 예를 들어 눈 화장은 눈을 더 크게 보이게 해주고, 파운데이션은 피부를 더 깨끗하게 보이게 해 남성을 현혹하는 데 도움을 준다. 하지만 스미스 교수는 "원래 매력적인 여성은 화장에 가려 자신의 매력을 충분히 발산할 수 없으므로 오히려 화장하지 않는 게 유리하다"고 말한다. 그러니 자신이 충분히 매력적인 여성이라고 생각한다면 맨얼굴로 당당히 거리를 활보하기를 권한다.

20.
향수를 과도하게 사용한다면
우울증을 의심하라

사람들은 대부분 다른 감각보다 시각에 더 많이 의존한다고 생각한다. 남성이라면 누구나 한번쯤은 스쳐 지나가는 매혹적인 여성을 돌아보느라 고개를 돌려본 적이 있을 것이다. 이럴 때 남자들은 '그녀의 아름답고 늘씬한 외모에 나도 모르게 끌렸다'고 생각한다. 마음과 시선을 움직이게 만든 그녀의 매력, 단지 아름다운 외모 때문이었을까? 외모가 아름답기만 하다면 지독한 냄새쯤은 용서할 수 있을까?

출근길 지하철, 닫힌 공간인 데다가 서로 밀착할 수밖에 없어 냄새를 피하기 힘든 곳이다. 한 아리따운 젊은 여자 옆에 서 있던 남학생이 코를 막더니 급하게 자리를 옮긴다. 그녀가 내뿜는 악취에 노골적으로 불쾌감을 드러내진 못하지만, 코를 꼭 틀어쥔 그의 손이 속마음을 말해준다.

사람들은 하루 종일 많은 이들을 스쳐 지나면서 자신도 모르는 사이에 서로 냄새를 주고받는다. 우리의 코는 그 냄새를 본능적으로 감지해 상대방에 대한 호오好惡를 즉각적으로 판단하게 해준다. 냄새 분자가 코로 들어가면 후각 수용체와 만난다. 이때 발생한 전기신호가 후각신경계를 타고 감정을 담당하는 뇌의 변연계로 곧장 전달된다. 기억 저장소인 해마는 냄새의 정체를 기억해내고, 그 정보를 전두엽으로 전달해 인간을 행동하게 만든다.

후각의 일차적인 기능은 '대상에게 접근할 것인지 아니면 피할 것인지'를 결정하는 데 도움을 주는 것이다. 이러한 기능 덕분에 인간이 생존하고 번영할 수 있는 것이다. 뇌에서는 '이 냄새가 무엇의 냄새이고 그것이 좋은 것인지 나쁜 것인지'를 인식해 그 정보를 즉각 알려준다.

인간은 오랜 세월 향기를 갖고자 노력해왔다. 그 상징적인 결과물이 바로 향수다. 과학자들은 향기가 사람들의 감정을 변화시키고, 행복하게 만들어줄 수도 있다는 증거를 하나둘씩 찾아내고 있다. 모든 물체에는 냄새가 있다. 그 냄새는 우리가 숨 쉴 때마다 코로 흡입된다. 인간이 한 번 호흡하는 데는 약 5초가 걸리니, 인간은 매일 2만 회 이상 호흡하면서 냄새를 맡는 셈이다.

냄새는 정말 중요하다. 사람들은 냄새를 청결 상태와 동일시하기 때문이다. 좋지 않은 냄새가 나면 그 사람의 청결 상태도 좋지 않다고

생각하고, 반대로 좋은 냄새가 나면 그 사람이 샤워를 하고 향수를
뿌렸다고 생각한다.

그런데 이스라엘 텔아비브 대학 예후다 쉔펠드 박사 팀의 연구 결과
에 따르면, 우울증에 걸린 사람은 냄새를 잘 맡지 못해 향수를 지나
치게 많이 사용한다고 한다. 연구 팀은 우울증이 후각에 영향을 미
치는 메커니즘을 밝히고자, 전신홍반성낭창(루푸스) 같은 '자가면역
질환'을 겪는 환자들이 우울증에 걸리는 원인을 조사했다. 그 결과
자신의 구성 성분을 공격해 류머티즘 같은 질환을 일으키는 자가항
체autoantibody가 우울증을 일으킬 뿐 아니라, 우울증을 겪을 때는 후
각신경도 무뎌져 냄새를 잘 맡지 못한다는 사실을 밝혀냈다. 이 때문
에 우울증을 겪는 여성은 기분을 전환하고자 정상인보다 더 많은 향
수를 사용한다고 연구 팀은 설명했다.

그렇다면 후각신경이 무뎌져 향수를 지나치게 많이 사용해야만 향
기를 감지할 수 있는 우울증을 완화할 방법은 없을까? 연구 팀은 특
정한 향기를 사용하는 아로마 세러피를 권장한다. 아로마는 식물의
꽃, 잎, 열매에서 추출해낸 천연향으로 오랫동안 민간요법으로 사용
해왔다. 아로마는 성분이나 효능에 따라 크게 진정향과 각성향으로
분류한다.

향기는 화학 분자의 집합체인데, 그중 특정 분자가 진정과 각성 효
과를 낸다. 진정향을 내는 알데히드, 각성향을 내는 리나릴 아세테이

트가 바로 그런 성분이다. 라벤더·캐모마일·마조람 등은 마음을 이완시키는 진정향을 내는 식물이다. 로즈마리·레몬 등은 각성향을 내는 대표적인 식물이다. 쉔펠드 박사는 진정향인 라벤더 향을 맡으면 무뎌진 후각세포를 자극해 우울증을 완화할 수 있다고 말한다.

진정향인 라벤더 향을 맡으면 명상할 때와 같은 평온한 마음 상태에서 생기는 알파파가 증가한다. 반면에 각성향인 로즈마리 향기는 뇌에서 베타파의 영역을 활성화한다. 베타파는 긴장 상태에서 말하거나 행동할 때 생기는 뇌파다.

향기를 맡아 뇌 상태가 달라지면 곧바로 우리 몸과 마음도 변화한다. 깊은 명상을 하거나 마음을 가라앉히고자 할 때 진정향은 우리의 몸을 이완 상태로 만들어준다. 코로 들어간 진정향은 후각신경계를 지나 흥분 상태를 억제해주는 부교감신경계를 자극한다. 이때 뇌하수체에서는 아세틸콜린이라는 호르몬이 분비된다. 심장박동은 느려지고 몸은 편하게 이완된다. 진정향은 또 스트레스 해소에도 도움이 된다. 외부 자극으로 스트레스를 받았을 때 진정향을 맡으면 스트레스 때문에 증가했던 아드레날린이나 도파민과 같은 호르몬이 정상 수치로 감소한다.

한편 오랜 시간 일이나 공부를 하면 머리와 몸이 지쳐 집중력과 능률이 떨어지는데, 이럴 때 각성향은 큰 효과를 발휘한다. 코로 흡입한 각성향 역시 후각신경계를 타고 뇌까지 전달된다. 진정향과는 반대로 우리 몸을 흥분시키는 교감신경계를 자극해 아드레날린과 같은 호르몬 분비를 촉진한다. 그래서 심장박동이 빨라지고 온몸의 신진대사가 원활해져 집중력이 높아진다.

향기는 우리 주변을 가득 채우고 있다. 향기는 보이지도 들리지도 손에 잡히지도 않지만, 지금 이 순간에도 우리의 후각 속으로 조용히 스며들어 우리의 감정과 행동을 변화시키고 마음까지 조종한다. 스트레스, 불안, 피로, 현대인들이 자주 호소하는 몸과 마음의 뒤틀림 등에서 오는 불편함은 향기를 잘 활용하면 떨쳐낼 수 있다.

21.

햇볕을 많이 쬐라, 우울증을 예방한다

며칠간 햇빛을 구경할 사이도 없이 지겹도록 비가 추적추적 내리면 기분이 가라앉고 괜스레 우울해진다. 어떤 사람은 한바탕 울고 싶은 기분까지 느낀다. 반대로 햇볕이 쨍쨍 내리쬐는 화창한 날에는 기분이 좋아지고 어디론가 떠나고 싶어진다. 집에만 처박혀 있으면 왠지 억울한 생각까지 든다. 이렇듯 사람의 기분은 날씨에 따라 바뀐다.

햇빛은 인간은 물론 지구의 모든 생명체에게 없어서는 안 될 귀한 존재다. 그러나 매연에 찌든 도시에서, 게다가 하루 종일 실내에서 일하는 사람들은 좀처럼 햇볕을 쬘 기회가 없다. 19세기 산업혁명 시절, 영국의 대도시에는 골격에 장애가 생기는 구루병이 만연했다. 매연이 햇빛을 가리는 바람에 체내에서 비타민D가 생성되지 않아 일어난 일이었다. 일조량이 부족하면 우울증 등 정서장애가 늘고, 근육 통증을 호소하는 사람이 늘어난다.

그렇다면 햇볕을 쬐면 기분이 좋아지는 것은 무엇 때문일까? 그 이유는 우리가 햇볕을 쬘 때 눈의 망막을 통해 빛이 들어와 행복 호르몬인 세로토닌이 활발히 분비되기 때문이다. 빛과 그 에너지는 눈의 망막에 있는 1억 개 이상의 광수용체와 시신경을 통해 시각중추, 솔방울샘, 시상하부로 전달돼 뇌 호르몬과 신경전달물질에 영향을 미치는데, 대표적인 것이 바로 세로토닌이다.

세로토닌이 생성되려면 트립토판이라는 필수아미노산이 필요하다. 트립토판은 체내에서는 합성되지 않고 일부 식품에 존재하는데, 바나나, 유제품, 완두콩, 닭고기, 빵, 쌀, 생강 등의 식품에 많다. 식품으로 트립토판을 섭취하면 몸속에서는 이를 이용해 세로토닌을 만들어낸다. 식품으로 섭취한 트립토판은 장에서 소화 흡수되어 그 일부가 세로토닌으로 전환되는데, 바로 이 과정에 반드시 강한 햇볕이 필요하다. 세로토닌 수치는 빛의 영향을 받는다. 그래서 태양이 밝게 빛날 때는 기분이 좋아지지만, 며칠간 햇빛을 보기 힘든 장마철에는 세로토닌 수치가 떨어져 우울해지는 것이다.

또한 햇볕을 쬐면 체내에서 비타민D가 만들어져 뼈도 튼튼해진다. 비타민D는 뼈를 구성할 뿐 아니라 튼튼하게 유지하는 데 중요한 역할을 하고 여러 가지 질병을 예방하기도 한다. 칼슘을 아무리 섭취해도 비타민D가 부족하면 뼈를 형성하거나 튼튼하게 유지할 수 없다.

그래서 비타민D가 결핍되면 근육과 뼈가 약해지고 통증이 생긴다. 스칸디나비아에서 실시한 한 연구에서는 혈액 속에 함유된 비타민D가 너무 적으면 전립선암 발생률이 50퍼센트나 증가하는 것으로 나타났다. 또 미국 볼티모어에서 8년에 걸쳐 실시한 노화 연구에서는, 비타민D가 너무 적으면 대장암 발생률이 50퍼센트 증가하는 것으로 나타났다.

비타민D는 우리 몸이 자외선B에 노출될 때 피부에서, 정확히는 표피에 있는 각질형성세포에서 만들어진다. 이때 꼭 필요한 게 햇빛에 들어 있는 자외선B$_{\text{UVB}}$다. 햇빛은 파장이 380~750나노미터(1나노미터=10억분의 1미터)인 가시광선이 대부분이지만 750나노미터보다 긴 적외선과 380나노미터보다 짧은 자외선도 포함하고 있다. 자외선은 파장에 따라 자외선A(320~380나노미터), 자외선B(280~320나노미터), 자외선C(100~280나노미터)로 세분된다. 형광등과 같이 자외선B가 없는 인공 빛으로는 비타민D를 만들 수 없다.

자외선B는 콜레스테롤의 대사산물인 7-디하이드로콜레스테롤 분자의 스테로이드 고리를 끊어 프리-비타민D3로 바꾼다. 이 분자는 체온의 열기로 인해 다시 비타민D3(이하 D3)로 바뀌는데 D3는 아직 생리 활성이 없다. 혈액을 타고 간에 도달한 D3는 효소의 작용으로 25-하이드록시비타민D(이하 25D)로 바뀌는데, 25D 역시 활성이 없다. 다시 혈액을 타고 도는 25D는 신장에서 1,25-디하이드록시비타

민D로 바뀌어야 비로소 활성을 띤다.

북위 30~40도 사이에 걸쳐 있는 우리나라는 계절에 따라 일조량의 차이가 크다. 낮이 짧고 햇빛이 약한 겨울철에는 비타민D를 만드는 데 필요한 빛을 충분히 쬐기 어렵다. 날이 추워 대부분 실내에서 지내는 데다 외출해서도 빛이 통하지 않는 두터운 옷감으로 온몸을 덮고 지내기 때문이다. 여기에 한술 더 떠 '피부 노화'를 막아야 한다는 강박관념에 그나마 햇빛에 노출되는 얼굴에도 자외선 차단제가 들어 있는 화장품을 발라 자외선이 들어올 틈을 주지 않는다.

그렇다면 우리 몸에 비타민D가 어느 정도 있으면 적당하고, 햇볕을 어느 정도 쬐어야 좋을까? 공식적으로 규정된 적정 비타민D 양은 유아는 200IU(IU는 비타민 양을 측정하는 국제단위), 어른은 600IU다. 하지만 같은 시간 햇볕을 쬐더라도 형성되는 비타민D의 양은 인종에 따라 다르다. 이는 자외선을 차단하는 멜라닌 색소가 피부에 함유된 정도에 따라 비타민D가 형성되는 양이 달라지기 때문이다.

피부가 검은 사람은 멜라닌 색소가 많기 때문에 충분한 비타민D를 생성하려면 장시간 햇볕을 쬐어야 한다. 백인은 5개월 동안 피부의 4분의 1을 오전 11시에서 오후 3시 사이에 하루 5~10분 정도 햇볕에 노출하면 겨울까지 지내는 데 충분한 비타민D의 양을 축적할 수 있다. 하지만 피부가 아주 검은 흑인은 똑같은 양의 비타민D를 만들려면 백인보다 50배나 더 많은 시간을 햇빛에 노출해야 하고, 미국에

사는 흑인 여성은 평균적으로 백인보다 5~10배 정도 햇볕을 쬐어야 한다. 스칸디나비아와 같이 북쪽에 사는 사람은 자외선B를 쉽게 흡수할 수 있는 얇은 피부를 가지고 있고, 적도 부분에 사는 사람들은 강렬한 자외선B 흡수를 막아주는 검은 피부를 가지고 있다.

미국 보스턴 대학의 마이클 홀릭 박사는 『자외선의 이점 The UV Advantage』에서 "햇볕을 적당히 쬐는 건 건강을 증진하는 중요한 방법"이라며 "자외선차단지수가 8인 약한 자외선 차단제도 인체가 비타민D를 만드는 능력의 95퍼센트를 무력화한다"고 설명한다.

이제부터는 내 몸에 적당한 햇볕을 쬐자. 햇빛에 반응한 내 몸이 세로토닌과 비타민D를 충분히 만들어 우울증과 뼈엉성증에서 해방시켜줄 것이다.

22.

좋은 목소리는 좋은 인간관계를 만든다

오늘도 많은 사람들의 목소리가 우리의 귀를 두드린다. 목을 너무 많이 사용한 탓에 쉬고 갈라진 교사의 목소리, 누군가와 싸우는 듯한 거친 목소리와 날카로운 목소리, 떨리는 목소리, 낮은 톤의 중저음과 잡음이 섞인 목소리, 다양한 톤을 구사하는 아나운서의 깔끔한 목소리……. 이렇게 다양한 목소리 중에 유독 사람의 마음을 사로잡는 소리가 있다. 과연 우리를 매료시키는 좋은 목소리는 어떤 소리일까?

목소리는 유일하게 인간만이 지닌 표현 수단이며, 인간이 연주하는 가장 아름다운 소리다. 400개의 근육 움직임과 1초에 최소 100번 이상의 성대 진동으로 내는 목소리는, 말하는 사람의 신체와 공명에 따라 다양하게 나타난다. 그래서 사람들의 목소리는 저마다 다르다. 소리가 높아질수록 주파수도 높다. 일반적으로 목소리 주파수는 남자가 100~150헤르츠, 여자는 200~250헤르츠 사이로, 100헤르츠는 1초에 성대가 100번 진동한다는 뜻이다. 이러한 차이는 어디에서 오는 걸까?

그 이유는 현악기의 원리를 생각해보면 쉽게 찾아낼 수 있다. 첼로의 아름다운 소리는 현의 진동으로 만들어진 음파가 몸체를 울림으로써 완성된다. 현이 굵으면 낮은 소리가, 현이 가늘면 높은 소리가 난다. 사람의 목소리도 마찬가지다. 목소리는 폐에서 나온 공기가 목 아랫부분에 있는 성대를 진동시키면서 만들어진다. 남자는 성대가 여자보다 굵고 길기 때문에 진동하는 수가 적어 여자보다 낮은 목소리를 낸다. 이는 사람들의 음높이가 다른 이유이기도 하다.

목소리가 의사 전달에서 차지하는 비중은 매우 크다. 미국의 사회심리학자 앨버트 메라비언의 저서 『메시지의 전달 요소』에 따르면, 면접이나 소개팅 같은 첫 만남에서 사람을 판단하는 첫 번째 기준은 '목소리'라고 한다. 대화를 통해 메시지나 감정을 전달할 때 목소리가 차지하는 비중은 38퍼센트에 달한다. 이에 비해 표정과 태도는 각각 35퍼센트와 20퍼센트, 대화 내용은 겨우 8퍼센트에 지나지 않는다. 즉 다른 사람에게 비치는 첫인상은 대화 내용보다 어떤 표정이나 목소리로 얘기했는지에 따라 결정된다고 할 수 있다. 특히 114 안내원들의 전화 목소리는 의사 전달에서 차지하는 비중이 82퍼센트나 된다. 무슨 말을 하든지 목소리가 좋으면 메시지를 전달하는 데 3분의 1 이상 성공한 셈이다. 당신이 말할 때 주위 사람들이 귀를 기울이지 않고 하품을 한다거나 당신이 취업 면접에서 자주 낙방을 한다면, 그것은 당신의 목소리가 좋지 않기 때문일 수도 있다는 얘기다.

그렇다면 다른 사람들이 귀를 기울이도록 만드는 좋은 목소리는 과연 어떤 것일까? 의학자들은 일반적으로 주파수가 낮은 중저음의 맑고 울림이 풍부한 목소리에 사람들이 끌린다고 말한다. 중저음이 사람들에게 호감을 주는 이유는 신뢰와 카리스마가 느껴지기 때문이다. 또 호감과 함께 정직, 장래성, 안정감, 온화함과 같은 긍정적인 이미지를 심어준다. 이런 목소리는 명료하고 깨끗해 발음이 정확하게 들린다. 우리는 무의식적으로 중저음을 낼 때가 많다. 대표적인 것이 하품하면서 내는 소리다.

그러나 주파수가 아주 낮은 음은 두려움과 경외감을 느끼게 한다. 또 주파수가 아주 높은 음은 파장이 짧아 또렷하게 들리지만 대신 전달 거리가 짧다. 따라서 주위 사람들이 편한 마음으로 당신의 말에 귀를 기울이게 하려면 중저음을 구사하는 것이 가장 좋다.

듣기 좋고 매력적인 목소리일수록 하모닉스harmonics가 풍부하다. 성대가 진동해 나오는 순수한 소리를 기초음이라고 하는데, 이것이 인두강과 구강에 부딪쳐 진동하면서 다양한 주파수의 화음을 만들어 낸다. 보통 사람은 하모닉스가 4~6개 정도인 데 반해, 좋은 목소리를 가진 남자는 10개 이상, 여자는 6개 이상이다.

하모닉스는 기본 주파수의 배수로, 기본 주파수가 100헤르츠라면 입 안 여기저기에 부딪치면서 200헤르츠가 되고, 다시 300헤르츠, 400 헤르츠 등의 주파수들이 섞인다. 그런 주파수들이 풍부하게 섞이면 듣는 사람이 '이 사람의 말은 신뢰할 수 있다'는 느낌을 받는 것이다. 오페라 가수들은 목소리의 울림, 즉 공명을 극대화하여 하모닉스 를 풍부하게 만든다. 고오페라 가수들이 내는 음의 목소리를 들으 면 왠지 모르게 감정적으로 몰입하게 된다. 고음이 만들어내는 높 은 주파수 때문이다. 3000~4000헤르츠의 소리는 사람의 감성중추 를 직접 자극하는데, 오페라 가수의 고음이 여기에 해당한다. 인간은 2500~3000헤르츠의 소리에 가장 민감하다. 이 대역의 소리는 듣는 이의 청각신경을 통해 뇌 속의 대뇌변연계를 자극하고, 인간의 감정 과 욕망을 통제하는 감성중추를 자극한다.

그렇다면 목소리는 타고나는 것일까? 내 목소리를 신뢰감 있는 목소 리, 호감 가는 목소리로 바꿀 수는 없을까? 물론 이미 굳어진 음성을 하루아침에 바꾸기는 어렵다. 하지만 목소리의 높낮이는 상황에 맞 게 어느 정도는 조절할 수 있다. 다양한 톤의 목소리를 구사하는 아 나운서들이 그 대표적인 예다. 쉬운 방법부터 하나둘씩 시도해 발성 습관을 바꾼다면 많은 사람들이 좋아하는 목소리로 바꿀 수도 있다. 목소리 전문가들은 목소리를 바꾸는 가장 쉬운 방법으로 복식호흡 을 제안한다. 우리는 보통 가슴으로 숨을 쉬는 흉식호흡을 한다. 그러나 횡격막을 최대한 아래로 끌어당겨 폐활량을 늘리는 복식호흡을 하면, 얼굴 쪽으로 많은 공기를 끌어올려 공명을 크게 키울 수 있다. 일반적으로 복식호흡을 하면 흉식호흡에 비해 30퍼센트 정도 폐활량이 많아진다.

또 발음을 또박또박하는 정확한 발성 훈련이 필요하다. 매일 아침 신문을 소리 내어 또박또박 읽는 연습을 10분 정도 하면 큰 도움이 된다. 입 안에 계란을 넣은 느낌으로 '음' 소리를 내는 것도 좋다. '마마마, 네이네이네이' 등의 발음을 반복적으로 노래하듯이 하면 성대 근육의 긴장이 풀려 목소리 울림을 좋게 만들 수 있다. 수시로 물을 마셔 성대를 촉촉하게 적셔주는 것은 기본이다.

좋은 목소리는 귀중한 재산이다. 커뮤니케이션이 더욱 중요해진 현대 사회에서 좋은 목소리는 사람의 인상은 물론 인생까지 바꿀 수 있다. 그만큼 목소리는 대단한 힘을 발휘한다. 하지만 좋은 목소리는 우연히 얻을 수 있는 것이 아니다. 목소리는 악기와 같다. 악기 사용법을 배우지 않고도 연주를 잘하는 사람은 없다. 지금부터라도 목소리를 올바로 사용하는 방법을 익히자.

23.

숙면을 취하라, 그러지 않으면 열심히 공부해도 말짱 도루묵이다

"덥다. 잠이 오지 않는다."

찜통더위가 기승을 부리는 여름날의 공식 같은 얘기다. 밤에 너무 더우면 뇌의 '온도 조절 중추신경계'가 각성 상태가 되기 때문에 잠을 자지 못하거나 자주 깬다. 잠 못 드는 괴로움은 겪어본 사람만 안다. '자야 하는데……' 하며 밤새 뒤척이다가 새벽이 밝아오면 절망감에 울음을 터뜨리는 사람도 있다. 자다 깨다를 반복하다 보니 아침에 일어나도 개운치 않다. 여름만 되면 왜 이런 현상을 겪는 것일까?

여름밤 자다 깨다를 반복하는 것은 '잠의 구조'에 이상이 생겨서 그런 것이다. 수면 리듬은 여러 가지 이유로 무너질 수 있다. 계절 변화도 한 가지 원인이다. 해가 일찍 뜰수록 잠에서 깨는 시간은 자연히 앞당겨진다. 빛에 민감하게 반응하는 수면 호르몬인 멜라토닌 분비량이 줄어들기 때문이다. 여름밤의 더위도 수면 리듬을 무너뜨린다. 수면 전문가들은 그 이유를 뇌파에서 찾는다. 간밤에 잠을 잘 잤는지 못 잤는지를 보여주는 수면 상태가 그대로 뇌파에 남아 있기 때문이다. 불면증 환자는 잠들기도 힘들지만 잠이 들어도 뇌파가 불안하고 잠이 얕아 중간에 자주 깨거나 너무 일찍 깨어난다.

잠은 뇌파의 활성화 정도에 따라 4단계로 나뉜다. 뇌파가 점점 느려지면서 스르륵 잠에 빠져드는 때가 수면 1, 2단계인 얕은 잠이다. 1단계 수면은 일명 '선잠'이라고 부른다. 그리고 시간이 흐르면서 차차 깊은 잠에 빠져드는 3, 4단계에 이른다. 델타파라는, 진폭이 큰 뇌파가 보이면 잠에 취했다 할 만큼 깊은 잠을 잔다는 증거다. 뇌파의 주파수 대는 1헤르츠에서 50헤르츠를 넘나들 정도로 넓고, 그 분포는 뇌의 상태가 달라질 때마다 변한다. 곯아떨어져서 자는 잠이 바로 3, 4단계의 깊은 잠이다. 3~4단계의 잠을 델타파의 '서파 수면slow-wave sleep'이라 부른다. 인체는 깊은 잠을 잘 때 면역력과 컨디션이 최고조로 높아진다.

만일 사람이 서파 수면 상태만 유지하다 깨어난다면 매일 아침마다 개운하게 잠에서 깨 활기차게 하루를 시작할 수 있을 것이다. 하지만 사람은 수면 중에 깊은 잠에만 빠지는 것이 아니다. 서파 수면 상태에 이르렀다 싶으면 거꾸로 1단계를 향해 가다, 깨어 있을 때와 같은 형태의 뇌파가 발생하는 렘수면 단계에 이르고, 다시 1단계에서 시작해 4단계로 빠져든다.

이 과정은 90분을 주기로 반복된다. 정상인의 경우 밤새 4~5회에 걸쳐 잠의 주기가 변동하는 셈이다. 각 주기에서 뇌파는 잠들기 시작할 때 4단계까지 이르다 아침에는 1, 2단계에서 멈추기 때문에 깊은 잠은 수면 초기, 그리고 선잠은 아침 무렵에 이루게 된다.

이것은 건강한 사람의 수면 패턴이다. 하지만 계절 변화 때문이든 불면증 때문이든, 잠을 제대로 자지 못하는 사람은 이 같은 전형적인 수면 패턴이 나타나지 않는다. 수면 상태가 2단계에서 3단계로 넘어가지 못하고 머물러 있으면 불면증이 된다. 이때는 여러 가지 뇌파가 마구 뒤섞여 나타나기도 한다.

사람의 뇌에서는 서파, 베타파, 세타파 등의 뇌파가 감지된다. 잠과 관련된 것은 진폭이 크고 주파수가 낮은 서파와 세타파다. 반면 주파수 20헤르츠 이상의 베타파는 복잡한 두뇌 활동을 할 때 나타나는 뇌파로 진폭이 낮고 주파수가 높다.

2~8헤르츠의 세타파는 언제든지 깰 수 있을 정도의 얕은 수면 상태(1단계 수면)에서 나타난다. 졸음이 쏟아지거나 잠이 막 들려고 할 때다. 진짜 잠의 시작으로 볼 수 있는 2단계 수면 상태에서는 방추 모양의 수면방추sleep spindle와 K복합체K-complex라는 특이한 뇌파가 나타난다. K복합체는 2단계 수면 상태에서만 1분에 한 번씩 발생하며, 수면을 유지시키는 역할을 한다. 수면방추는 12~16헤르츠의 주파

수로 1분에 2~5번 발생한다. 입력된 감각에 대한 뇌의 민감성을 떨어뜨려 오랫동안 수면을 유지시킨다. 나이가 들면 이 수면방추가 덜 나타나서 밤에 자다가 깨는 일이 잦아진다.

2단계 수면 상태에서 생긴 수면방추와 K복합체는 깊은 잠으로 빠져드는 3단계 수면을 유도하는 역할까지 한다. K복합체와 수면방추가 잘 형성돼 뇌의 기능이 안정된 사람들은 흔들어대도 좀처럼 깨지 않거나 업어 가도 모를 정도로 깊은 잠을 잔다. 이와 반대로, K복합체와 수면방추가 잘 형성되지 않는 사람들은 아무리 피곤해도 깊은 잠을 자지 못한다. 여름밤 깊은 잠에 들지 못하는 이유 또한 여기에 있다.

또한 불면증 환자나 간밤에 잠을 못 잔 사람의 뇌파를 보면, 빠른 뇌파인 베타파의 비율이 높고 잠과 연관된 느린 뇌파인 세타파나 서파의 비율이 낮다. 이런 뇌파의 영향으로 자려고 해도 머릿속에 여러 가지 생각이 떠올라서 쉽게 잠들지 못하는 것이다. 이런 사람들에게는 일종의 '뇌파 훈련'을 시켜 서파나 세타파의 비율을 높여 쉽게 잠들게 하기도 한다. 그러한 방법 가운데 하나가 어떤 이미지를 반복적으로 떠올리는 것이다. 특정 이미지를 반복적으로 떠올리면 수면을 방해하는 베타파는 줄어드는 대신 수면을 유도하는 세타파나 깊은 잠에 빠져들게 하는 서파의 비율이 늘어난다. 또 이미지에 집중하는 것은, 꼬리를 물고 나타나 잠을 방해하는 괴로운 생각에서 벗어나도록 하는 '전환 효과'도 있다.

흔히 우리는 잠이 오지 않을 때 머릿속으로 100에서 1까지 거꾸로 숫자를 세거나 양을 세는 방법을 사용한다. 그러나 이는 수면을 유도하는 데 아무런 효과가 없다. 머릿속으로 양의 수를 세면 오히려 뇌가 인위적으로 각성되어 수면을 방해한다. 그보다는 바닷가로 끊임없이 파도가 밀려오는 장면, 물방울이 호수에 떨어져 동심원을 그리는 장면을 떠올리는 것이 효과적이다.

푹 자고 일어났을 때는 머리가 가벼워지는 기분을 느낄 수 있는데, 이는 수면방추와 K복합체, 느린 뇌파 덕분이다. 잠자는 동안 우리 뇌는 기억하기 어려운 부분을 파악해내고, 그 부분만을 중점적으로 파고든다. 잠자는 동안에 뇌가 노는 것이 아니라, 하루 동안에 있었던 일들을 '정리'하고 '복습'하는 셈이다. 따라서 아무리 열심히 배우고 공부한들 잠을 푹 자지 않으면 '말짱 도루묵'이다. 아직 과학적으로 완전히 밝혀내지는 못했지만, 깨어 있을 때보다 잠자는 동안에 뇌가 훨씬 고도의 작업을 하는 것만은 틀림없다. 그런 의미에서 과학적 충고를 해본다.

"공부나 일에 지친 사람들이여, 밤샘하지 말고 푹 자고 일어나라!"

24.

아침밥을 먹어라, 뇌가 최상의 상태가 된다

조상들은 몸과 토양이 하나라는 신토불이 사상으로 토양을 일구어 왔다. 현대에 맞게 재해석해보면, 현재 우리 몸은 산성화되고 오염된 토양처럼 각종 공해를 안고 살아가는 셈이다. 유기농에 대한 관심이 높아진 것도 오염된 우리 몸을 바로잡고자 하는 본능적인 몸부림 때문일지도 모른다.

그렇지만 아무리 건강한 먹을거리에 신경 쓴다고 해도 건강한 식습관이 뒷받침되지 않으면 큰 효과를 볼 수 없다. 도시인들은 아침 시간에 정신없이 바쁘다. 출근 준비를 해야 하고 차를 놓치지 않으려면 서둘러야 한다. 그래서 도시인들은 아침을 거르기 일쑤다. 특히 한창 공부하거나 사회생활에 바쁜 연령대의 상황은 더욱 심각하다.

농촌진흥청에서는 아침밥과 관련된 흥미로운 조사·결과를 발표했다. 아침 식사를 하는 수험생들의 평균 수능 성적이 더 높다는 것이다. 오래전부터 아침밥 먹기 운동을 펼쳐온 일본에서도 이와 비슷한 실험이 있었다. 중학교 2학년 학생들을 대상으로 불시에 시험을 본 결과, 매일 아침밥을 먹는 학생들의 성적이 월등히 높게 나타난 것이다. 과연 아침밥과 학습 능력은 어떤 상관관계가 있는 것일까?

농촌진흥청에서는 학습량이 가장 많은 고등학교 3학년 학생을 대상으로 아침밥의 효과를 측정해보았다. 먼저 아침 식사를 하지 않은 상태에서 두뇌의 활성도를 나타내는 척도인 뇌파를 측정했다. 그런 다음 밥과 국을 먹은 뒤 두뇌 활성도를 측정했다. 그 결과, 밥을 먹기 전에는 볼 수 없었던 붉은 점들이 식사 후 뇌의 곳곳에서 나타났다. 뇌 활성도가 높아진 것이다. 양질의 식사를 하고 난 이후에 뇌파의 활성도 특히 에너지의 강도가 크게 향상된 것을 볼 수 있었다. 이러한 결과는 아침밥을 먹으면 사고나 인지, 기억, 집중과 관련된 에너지들이 커져 학습 능력에 상당히 긍정적인 영향을 미친다는 것을 보여준다.

뇌는 우리 몸에서 식탐이 가장 많은 장기다. 하루 종일 쉬지 않고 움직이는 심장도 하루 에너지 소비량이 140킬로칼로리 정도에 불과한데, 뇌가 소모하는 에너지는 400킬로칼로리에 달한다. 수천억 개에 달하는 뇌 신경세포를 움직이려니 그만큼 많은 에너지를 필요로 하는 것이다. 따라서 영양 공급에 문제가 생기면 뇌가 가장 먼저 탈이 난다.

사람은 식사를 통해 몸에 필요한 에너지를 얻는다. 특히 아침에는 잠자던 모든 세포가 깨어나 활동을 시작하는데, 이때 가장 많은 에너지를 소비하는 곳이 바로 뇌다. 수천억 개의 세포로 구성된 뇌는 포도당만을 에너지원으로 이용하는데, 포도당을 가장 효과적으로 보충하는 방법은 식사를 하는 것이다. 잠을 자는 밤 시간 동안 공복으로 지낸 상태에서 아침 식사를 하지 않으면 뇌세포는 제대로 활성화될 수 없다. 아침밥을 먹지 않으면 오전 내내 뇌의 시상하부 속 식욕중추가 계속 흥분 상태가 되어 신체가 생리적으로 불안정해진다. 이 식욕중추의 흥분을 가라앉히려면 탄수화물을 섭취해 혈당을 높여야 한다. 기상 후 한 시간 내로 탄수화물을 섭취해야 뇌의 활성을 60퍼센트 정도로 끌어올릴 수 있다.

아침밥을 꼭 먹어야 하는 또 하나의 이유는 체온을 올려야 하기 때문이다. 사람은 수면 중에 체온이 떨어지면서 뇌 활동이 둔해진다. 오전 중에 뇌 활동을 최고조로 끌어올리려면 수면 중에 떨어진 체온을 올려야 하는데, 아침 식사는 체온을 끌어올리는 준비 운동이라 할 수 있다. 실제로 일본에서 조사한 결과, 아침밥을 거르는 학생의 70퍼센트가 체온이 35도 이하인 것으로 나타났다.

또 에너지를 만들고 대사 활동을 촉진하는 부신피질스테로이드 호르몬이 규칙적으로 분비되도록 하려면 아침밥을 먹어야 한다. 이 호르몬은 식사를 할 때마다 조금씩 나오기 때문에 식사 습관이 불규칙하면 신체리듬이 깨진다.

뇌에 좋은 식품이 딱히 따로 있는 것은 아니다. 탄수화물과 단백질, 지방 등 기본 영양소에 각종 비타민과 칼슘, 철분을 골고루 풍부하게 섭취하는 것이 몸은 물론 뇌 건강에도 좋다. 아침 식사로는 빵보다는 밥을 먹는 게 좋고 밥 중에서도 현미밥이 좋다. 혈당이 지나치게 빨리 상승하면 신체나 뇌가 활동하는 데 오히려 방해가 되므로 혈당을 급격히 올리는 식품보다는 서서히 올리는 식품을 먹는 것이 좋다.

하지만 바쁘게 돌아가는 현대 사회는 건강하게 먹고 사는 것마저 포기하게 만든다. 바쁜 현대인들은 아침 식사를 거르고 점심, 저녁을 푸짐하게 먹는다. 물론 아침을 챙겨 먹을 시간이 없어서 거르는 사람들도 있지만, 저녁을 너무 많이 먹은 나머지 아침에는 밥맛을 잃어 거르는 사람도 많다. 저녁밥은 고스란히 지방으로 쌓여 살을 찌울 뿐이지만, 아침밥은 뇌로 가 뇌를 최상의 컨디션으로 만들어준다. 이제부터는 저녁 식사량은 줄이고 아침밥을 꼭 챙겨 먹도록 하자.

건강하게 사는 방법이 특별한 게 아니다. 좋은 것을 많이 먹고, 잠 잘자고, 아침 식사를 거르지 말고 자연과 더불어 기분 좋게 살면 누구나 건강해진다.

25.
가짜 약도 믿고 먹으면 효과가 크다

아이의 배가 아플 때 엄마들은 "엄마 손은 약손, 애기 배는 똥배" 하
며 원을 그리면서 배를 쓸어주곤 한다. 아이는 속으로 '엄마 손으로
정말 아픈 배가 나을까?' 하고 의심할지 모르지만, 신기하게도 얼마
쯤 쓰다듬으면 거짓말같이 아픔이 가라앉는다. 수많은 사람들이 이
런 엄마 손의 약효를 경험하면서 자라왔다. 효과 좋은 상비약이 즐
비한 지금도 엄마들은 칭얼거리는 아이에게 약보다 먼저 '엄마 손'을
처방한다.

그렇다면 엄마 손은 정말 과학적인 치료 효과가 있는 것일까? 전문
가들은 엄마 손의 치료 효과는 과학적으로도 근거가 있다고 설명한
다. 엄마 손의 치료 효과는 플라세보 효과placebo effect에서 기인한다.
플라세보란 '마음에 들도록 한다'는 뜻의 라틴어로, 위약僞藥을 의미

한다. 플라세보는 겉모습만 약일 뿐 약리작용을 하는 약 성분은 전혀 없다.

플라세보 효과란, 어떤 약이 실제 효과가 없어도 그 약을 진짜 약으로 알고 먹으면 환자의 병세가 호전되는 현상을 말한다. 약 모양으로 만든 비스킷을 복통에 듣는 영약으로 알고 먹은 사람이 아픔이 없어지는 등의 효과를 말하는 것이다. 이는 제2차 세계대전 중 약이 부족할 때 많이 쓰인 치료 방법으로, '약을 먹었으니 나을 것'이라는 믿음 때문에 환자의 통증이 사라지는 것이다.

엄마 손도 플라세보와 마찬가지 효과가 있다. 엄마가 배를 문질러주면, 자신을 늘 보호해주는 엄마이기 때문에 배탈 정도는 낫게 해줄 것이라는 믿음을 갖게 돼 어느새 아픈 배가 낫는 것이다. 약을 먹은 게 아니라서 실제 약의 효과는 없지만, 엄마의 말과 행동 덕분에 마음의 평화를 찾게 되어 머리나 배의 아픔이 가라앉는 것이다.

뿐만 아니다. 전혀 약효가 없는 가짜 약일지라도 아주 '비싼 약'으로 알고 먹으면 효과가 나타난다. 비싸기 때문에 좋은 약이라 생각하여 병이 나을 것이라 믿기 때문이다. 의사에게 "이 약이 최고"라는 말을 들은 사람들은 약을 긍정적으로 받아들여 좋은 효과를 보는 반면, 약에 명시된 부작용을 먼저 들은 사람들은 약을 믿는 마음이 적어져 효과를 거의 보지 못한다.

미국 매사추세츠 공과대학 연구 팀의 연구에서도 그와 같은 사실이

증명되었다. 연구 팀은 두통 환자 82명을 두 그룹으로 나누어 아무 약효가 없는 가짜 약을 똑같이 복용하게 했다. 다만 한 그룹에 제공한 약에는 '2달러 50센트(약 2500원)'라는 가격표를, 다른 그룹에 제공한 약에는 '10센트(약 100원)'라는 가격표를 붙였다. 그 결과 2달러 50센트라는 가격표를 붙인 위약을 먹은 그룹에서는 85퍼센트가 두통이 줄었다고 말한 데 비해, 10센트라는 가격표를 붙인 위약을 먹은 그룹에서는 61퍼센트만이 두통이 다소 가라앉았다고 대답했다.

연구 팀은 '비싼 약은 그만큼 효과가 좋을 것'이라는 긍정적인 심리 때문에 싼 약을 먹었을 때보다 비싼 약을 먹었을 때 더 좋은 효과가 나타날 수 있다고 설명한다. 환자들은 약값이 곧 약효를 의미하는 것으로 받아들여 비싼 약은 뛰어난 효과를 발휘할 것이라고 생각한다는 것이다.

그런데 더욱 놀라운 사실은, 환자가 처음부터 가짜 약이라는 사실을 알고 복용해도 병세가 완화된다는 점이다. 미국 하버드 의대 테드 캡척 박사 팀은 과민성대장증후군을 앓고 있는 환자 80명을 두 그룹으로 나눠 실험을 진행했다. 한 그룹에는 가짜 약을 주면서 환자들이 앓고 있는 병과는 아무 상관없는 약이라고 알려줬다. 약이 담긴 병에도 '가짜 약'이라고 써서 붙이기까지 했다. 다른 그룹에는 아무런 약도 주지 않았다.

그리고 3주 후 가짜 약을 알고 먹은 환자들의 병세를 살펴보았더니

59퍼센트가 호전되었다. 이는 진짜 약을 먹었을 때 나타나는 효과와 비슷했다. 반면에 약을 주지 않은 환자들 가운데는 35퍼센트만이 병세가 완화되었다. 캡척 박사는 의사에게 보살핌을 받고 있다는 심리적 안정감이 병세를 완화시킨 원인이라고 설명한다. 캡척 박사에 따르면, 이러한 위약 효과는 암이나 알츠하이머병을 앓고 있는 사람에게는 적용하기 어렵지만 우울증이나 근육통과 같이 환자가 느끼는 고통이 주관적인 질병을 치료하는 방법으로는 유용할 것이라고 한다.

캡척 박사 팀은 가짜 약보다는 가짜 침술이 플라세보 효과가 더 뛰어나다는 사실도 밝혀냈다. 캡척 박사 팀은 근육통 환자 270명을 두 그룹으로 나눠 한쪽 그룹에는 매일 옥수수 전분 약(위약)을 주고, 다른 한쪽 그룹은 일주일에 두 번 가짜 침술 치료를 받게 했다. 그리고 2주일 뒤 두 그룹의 병세를 살펴보았더니 양쪽 모두 통증이 완화되었지만, 가짜 침술 치료를 받은 쪽이 더 많이 개선되었다. 캡척 박사는 약보다는 침술이 환자들에게 더 신비로울 뿐만 아니라 치료 과정에서 의사와 더 오래 접촉할 수 있어 이런 차이가 나타났을 것이라고 설명한다.

말기 암 환자가 공기 좋고 물 좋은 시골로 내려가 선식과 자연식으로 암을 극복했다는 얘기를 들어본 적 있을 것이다. 우리는 이를 '기적'이라고 일컫기도 하지만, 긍정적인 마음과 믿음이 만들어낸 플라세보 효과라고 보는 편이 더 맞을 것이다. 항상 즐거운 마음으로 잘될 거라 믿으며 웃으면서 생활하면 이렇게 '기적'과 같은 변화가 일어나는 것이다.

26.

담배 한 모금의 행복은 착각이다

하루에도 몇 번씩 맞닥뜨리는 스트레스 상황들. 많은 이들이 그런 스트레스 상황을 극복하고 잠시라도 위안을 얻고자 담배를 피운다. 스트레스를 누그러뜨리고자 피는 담배 맛은 나름대로 독특한 즐거움을 선사한다. 스트레스가 쌓일 때 담배를 피우면 스트레스도 담배 연기와 함께 사라진다고 느끼는 사람들이 많다. 그들은 극심한 스트레스를 받으며 사느니 차라리 담배로 스트레스를 줄일 수 있다면 좋은 것 아니냐고 반문한다.

하지만 과학적인 연구 결과에 따르면 담배가 행복감을 가져다준다고 느끼는 것은 착각에 불과할 뿐이다. 영국 페닌슐라 의대 연구 팀은 50세 이상의 남녀 9200여 명을 담배를 한 번도 피우지 않은 사람, 금연에 성공한 사람, 흡연자로 분류한 다음, 삶의 기쁨, 경제적 여유,

주변 사람들과의 관계 등의 평가 항목을 통해 그들의 삶의 질을 평가했다. 아마 보통 사람들은 흡연자들이 담배를 피울 때 즐거움을 얻을 것이라고 판단하겠지만, 실제 연구 팀의 결과는 흡연자들이 비흡연자들에 비해 기쁨과 행복을 느끼는 수준이 낮은 것으로 나타났다. 흡연자들이 덜 행복했던 것이다.

그렇다면 흡연자들이 담배를 피울 때 스스로 흡족함을 느낀다고 착각하는 것은 무엇 때문일까? 이는 니코틴 중독 현상 때문이다. 니코틴이 두뇌의 보상 시스템에 영향을 미치기 때문이다.

원래 니코틴은 담배라는 식물이 진화 과정에서 곤충을 방어하는 데 쓸 목적으로 만들어낸 성분으로, 살충제나 다름없는 것이다. 실제로 담배에서 추출한 니코틴은 천연 살충제로 사용되고, 니코틴 60밀리그램을 사람의 혀 위에 올려놓으면 수분 안에 사망한다. 그런데 이렇게 독성을 가진 니코틴이 인간의 뇌 속에서는 '신경전달물질'과 비슷한 작용을 한다.

신경세포 사이의 신호 전달은 뇌 속의 하나의 신경세포에서 분비된 '신경전달물질'이 다른 세포 표면의 단백질 수용체와 결합함으로써 이루어진다. 그런데 담배를 피우면 담배에 함유된 니코틴이 아세틸콜린이라는 특정 단백질과 결합하는 수용체를 자극하게 된다. 뇌세포가 니코틴을 뇌 속의 '신경전달물질' 중 하나인 아세틸콜린으로 착각하기 때문이다. 착각에 빠진 수용체는 도파민 등의 호르몬을 분비한다.

즐거울 때 나오는 호르몬인 도파민은 행복한 느낌을 전달하는 화학물질이다. 인간의 뇌가 도파민의 신호를 받으면 뇌 속의 쾌락중추는 사람을 행복하게 만들어준다. 도파민 수치를 일시적으로 올려주기 때문에 담배를 피우면 아주 짧은 시간 행복감을 느끼고, 그동안 마음이 안정되는 것 같은 느낌이 든다. 뇌세포가 '행복이 시작되었구나!'라고 느끼게 되는 것이다. 이로 인해 흡연자는 몽롱해지면서 기분이 좋아지고, 다시 이런 기분에 빠지고 싶어 담배를 계속해서 피우게 된다. 그래서 흡연자는 자꾸만 담배를 피우고 싶은 충동에 사로잡히는 것이다.

하지만 장기적으로 보면 니코틴은 오히려 즐거울 때 나오는 호르몬인 세로토닌의 분비를 감소시켜 사람을 우울하게 만든다. 즉 니코틴은 일시적으로 감정이나 집중력에 긍정적인 영향을 미칠 수 있지만, 장기적으로는 오히려 해를 끼칠 뿐이다. 그러니까 '담배가 스트레스를 풀어준다'는 것은 잘못된 상식이다.

니코틴은 담배에서 헤어나지 못하게 만드는 주범이지만, 다른 마약성분과 달리 사용량이 늘어날수록 중독이 심해지는 현상은 일으키지 않는다. 전문가들은 단지 니코틴 자체가 중독 현상을 일으킨다기보다는 흡연과 연관된 즐거운 기억이 담배를 계속 피우게 만든다고 말한다. 또한 담배를 피우는 사람들은 평소보다 술자리에서 훨씬 더 많이 피운다. 알코올중독자는 술을 마실 때의 흡연량이 정상인에 비해 일곱 배나 많다고 한다. 그런데 그 원인이 단지 술자리의 '분위기'에만 있는 것은 아니다.

노스웨스턴 대학의 나라하시 박사의 연구에 따르면, 알코올 역시 니코틴과 마찬가지로 수용체를 자극할 수 있다고 한다. 문제는 알코올의 양이 많아지면 수용체의 기능이 떨어진다는 점이다. 이런 이유로 술을 많이 마실수록 수용체의 기능이 약해져 담배를 피워도 자극이 둔화되어 담배 '맛'을 느낄 수 없게 된다. 그래서 그 맛을 다시 느끼고자 담배를 더 많이 피울 수밖에 없는 것이다.

담배는 무려 3800가지 이상의 화학물질을 포함하고 있다. 석유가 1700종류의 성분으로 이루어진 것을 감안하면 정말로 복잡한 물질임을 알 수 있다. 3800가지 성분 가운데는 타르와 일산화탄소, 그리고 니코틴 등과 같은 유해물질이 많이 포함돼 있다. 담배 잎사귀에 들어 있는 식물염기(알칼로이드)인 니코틴은 원래 무색의 액체지만 산소와 결합하면 갈색으로 변하고, 생리적 의존성을 불러일으키며 혈관을 딱딱하게 만들어 발기력까지 떨어뜨린다.

이렇게 담배가 몸에 해로운 것을 잘 알면서도 금연에 성공하는 사람은 열 명 중에서 두 명꼴에 불과하다. 새해가 시작되면 금연을 결심하는 사람이 많지만, 대부분은 금세 흐지부지해져 다시 담배를 입에 문다. 금연에 실패한 사람들은 "왜 다시 담배를 피우는지 나 자신도 모르겠다"고 말한다. 물론 담배 속 니코틴은 과학적으로 중독성 마약에 해당하기 때문에 의지만으로 담배를 끊기란 지극히 힘든 것이 사실이다. 그러나 쉽게 얻은 쾌감은 결국 자신을 중독에 빠트리고 망가트린다는 사실을 꼭 명심하고, 힘들더라도 담배를 끊으려는 노력을 중단하지 말아야 한다.

27.

편식하는 아이에게는 좋아하는 음식을 먹여라

밥을 잘 먹지 않는 아이를 보는 엄마의 마음은 안타깝기만 하다. 토끼 모양으로 밥을 만들고 완두콩 눈까지 박아주어도 '밥 한 그릇 뚝딱'은 먼 나라 얘기다. 좋아하는 음식만 가려 먹는 아이도 엄마의 속을 썩이기는 마찬가지다. 엄마들은 아이를 어르고 달래고 때론 윽박지르면서 '골고루! 골고루!'를 외치다 지쳐버리고 만다. 하기야 하찮아 보이는 벌레조차도 건강에 해를 끼치는 먹이를 가려내며 편식을 한다는데, 사람이 편식하는 건 어쩌면 당연한 일인지도 모른다.

흙속에서 박테리아를 잡아먹는 예쁜꼬마선충은 어떤 음식을 먹고 배탈이 나면 나중에는 비슷한 냄새를 풍기는 음식을 접했을 때 본능적으로 피한다고 한다. 한번 '쓴맛'을 본 이후에는 그 먹이를 계속 외면하는 것이다. 예쁜꼬마선충이 해로운 먹이를 먹으면 신경세포에서는 세로토닌이 많이 분비되는데, 이는 환자가 약물을 복용했을 때 소화기관에서 대량 분비되는 물질로 메스꺼움을 일으키는 주범이다.

과학자들은 사람이 편식을 하는 데도 이유가 있다고 주장한다. 괜히 투정 부리는 것만은 아니라는 얘기다. 과학자들은 맛을 느끼는 유전자가 사람마다 다르기 때문에 편식을 한다고 설명한다.

혀에는 맛을 느끼게 하는 수용체가 있다. 음식을 먹으면 맛을 내는 성분이 수용체에 결합한다. 그리고 수용체가 이를 인식해 뇌로 신호를 보내 어떤 맛인지를 알아차리게 된다. 맛 수용체의 유전자는 특이하게도 세 가지 유형(AA형, PP형, AP형)이 있다. 토론토 대학 아메드 엘 소헤미 교수는 사람들은 셋 중 한 가지 유형의 유전자를 갖고 있다고 말한다. 소헤미 교수 팀의 연구 결과에 따르면, AA형은 대부분 떫거나 쓴 맛을 잘 느끼지 못하고, 반대로 PP형은 떫거나 쓴 맛을 잘 느낀다고 한다. 따라서 PP형은 떫거나 쓴 음식은 잘 먹지 않으려고 한다.

영국 런던 대학의 공공건강학과의 루시 쿡 박사가 8세에서 11세 사이의 쌍둥이 5390쌍을 대상으로 실시한 조사에서도, 편식을 하거나 새로운 음식에 과민한 거부 반응을 보이는 원인의 78퍼센트가 유전이고 환경요인은 22퍼센트에 불과한 것으로 나타났다. 그렇다고 해서 본인의 유전인자를 원망할 필요는 없다고 쿡 박사는 강조한다. 실생활에서 계속 반복 학습을 하면 편식 습성이나 처음 보는 음식에 대한 두려움을 줄일 수 있기 때문이다.

어른들의 편식도 마찬가지다. 선천적으로 입맛이 없는 사람은 아무리 허기가 져도 음식을 좀처럼 입에 대지 않는다. 반대로 배불리 먹어 포만감이 느껴져도 '타고난' 입맛 때문에 음식을 탐하는 사람들도 적잖다. 계절이 변할 때나 몸에 질병이 생기면 입맛도 변하지만, 입맛을 좌우하는 주된 요인은 유전적으로 결정된다는 게 전문가들의 견해다.

그렇다면 몸에서 식욕을 조절하는 곳은 어디일까? 식욕을 관장하는 신경중추는 대뇌의 시상하부에 있다. 동물과 시상하부가 손상된 환자를 대상으로 실험한 결과, 시상하부에 식욕을 느끼게 하는 부위와 포만감을 일으키는 부위가 존재한다는 사실이 밝혀졌다. 식욕중추에 전기 자극을 가하면 배고픔을 느끼며, 포만중추를 자극하면 반대로 포만감을 느껴 음식을 먹고 싶은 생각이 사라진다.

음식이 들어가 위가 늘어나면 위벽에 분포한 신경에서 자극을 시상하부에 전달하고, 또 음식을 섭취하면 올라가는 혈중 포도당 농도를 비롯한 여러 성분의 농도가 직접 시상하부를 자극하기도 한다. 그런가 하면 음식을 섭취할 때 위장에서 분비되는 여러 신경전달물질들이 직간접적으로 시상하부에 신호를 보내기도 한다.

엄마들은 보통 '음식을 골고루 먹는 것'이 중요하다고 생각하지만 꼭 그렇지만은 않다. 만약 아이가 밥을 덜 먹는 대신 빵이나 국수, 고

구마를 잘 먹는다면 그냥 놔둬도 된다. 고기도 마찬가지다. 쇠고기, 돼지고기, 닭고기 대신에 생선이나 두부, 콩을 좋아하면 괜찮다. 채소 대신 과일을 먹는 것도 좋다.

싫어하는 시금치나 당근, 양파, 파를 억지로 먹이느라 고생하기보다는 차라리 아이가 좋아하는 음식을 '더 많이' 먹도록 신경 쓰는 편이 낫다. 아이가 싫어하는 야채를 먹이려고 잘게 다져 만두나 크로켓 등으로 만들어 먹이는 엄마들도 있지만, 그런 방법이 오히려 좋지 않다고 생각하는 전문가도 많다. 전문가들은 "음식을 그렇게 숨기고 먹이면 일시적으로 영양분을 섭취할 수는 있겠지만, 음식 원형 그 자체로는 커서도 영원히 먹지 않게 될 수 있다"며, "당당하게 드러내서 아이들이 먹게 해줘야 한다"고 조언한다.

과자나 인스턴트식품같이 몸에 좋지 않은 음식만 아니라면 아이가 좋아하는 음식 위주로 많이 먹이는 게 좋다. 아이가 일시적으로 편식을 한다고 해서 영양 불균형이 되거나 영양실조에 걸리지는 않는다. 한두 가지 음식이라도 씹어 삼키는 훈련을 반복하다 보면 배의 그릇이 늘어나고 먹는 양도 많아진다. 좋아하는 것을 한 숟가락이라도 더 먹여 먹는 즐거움을 깨닫게 하는 것이 더 현명한 방법이다. 그래도 아이의 영양이 걱정된다면 영양제를 이용하는 것도 한 가지 방법이다.

28.
고기 먹은 뒤에는 냉면을 먹어라

냉면집의 기본 메뉴는 냉면과 수육이다. 육수를 만드는 데 사용한 고기를 냉면과 함께 주 메뉴로 삼는 것은 당연한 일이다. 그런데 거꾸로 고깃집에서 고기를 먹은 후에 뒤따르는 기본 메뉴는 냉면이다. 그렇다면 고기와 냉면은 떼려야 뗄 수 없는 찰떡궁합이라서 이렇게 꼭 붙어 다니는 것일까?

갈비에 냉면은 삼겹살에 상추와도 같이 조화를 이루는 메뉴다. 불에서 지글지글 익힌 갈비를 먹은 후 산뜻한 냉면으로 마무리하는 식사는 우리나라 사람들이 아주 좋아하는 풀코스다. 그야말로 먹는 즐거움을 두 배로 만들어주는 세트다. 메밀로 만든 면은 거친 자연의 맛을 내며, 시원한 육수와 어울려 기름진 고기의 느끼함을 씻어준다. 그래서일까? 고기를 먹은 후에 먹는 냉면 한 그릇은 또 다른 식욕을 자극해 행복한 느낌을 준다.

이는 느낌만이 아니다. 고기를 먹은 뒤에는 메밀냉면을 먹는 것이 몸에 좋다는 연구 결과도 나와 있다. 메밀 속에 함유된 '루틴rutin' 성분 때문이다. '루틴'은 피 속에 있는 지방과 콜레스테롤의 농도를 낮춰줌으로써 모세혈관을 튼튼히 하고, 고지혈증과 동맥경화를 예방한다. 또 메밀은 백미보다 여덟 배, 밀가루보다 두 배나 많은 섬유질을 함유하고 있어 소화와 배변을 돕는다. 냉면 삶은 물(면수)이 식사 전에 나오는 이유는 바로 이 물을 한 모금 마시면 소화에 도움이 되기 때문이다.

이는 한국생명공학연구원에서 동물실험을 실시해 밝혀낸 사실이다. 연구 팀은 혈관벽에 콜레스테롤이 달라붙어 동맥경화에 걸린 토끼에게 루틴을 먹였는데, 그 결과 콜레스테롤이 20퍼센트 줄어들었다. 루틴이 포함된 메밀 추출액을 먹인 토끼도 콜레스테롤이 30퍼센트 줄어들었다. 또 혈액 속에 지방이나 콜레스테롤이 많은 고지혈증 쥐에게 루틴을 먹인 결과, 혈중 콜레스테롤 농도가 21퍼센트나 줄어들었다.

보통 냉면을 먹을 때는 메밀의 찬 성질을 완화하는 겨자를 풀고, 살균을 위해 식초를 곁들인다. 그런데 이때 들어가는 식초는 피로 회복제의 역할까지 한다. 심한 노동을 하거나 운동을 해 땀을 많이 흘렸을 때는 새콤한 음식을 먹으면 피로가 신기하게 가신다. 독특한 신맛이 나는 식초가 피로를 풀어주기 때문이다. 녹말이나 육류 등을 먹고 나면 대사 과정에서 유산이 생성되는데, 이것이 쌓이면 피로가 가중된다. 따라서 유산은 빨리 분해할수록 좋은데, 바로 식초가 유산을 분해하는 역할을 한다.

혹자는 고기를 먹은 뒤에 먹는 물냉면 한 그릇의 열량은 407킬로칼로리나 되므로 된장찌개에 밥을 조금 먹거나 고기를 먹을 때 섬유질이 풍부한 채소와 버섯을 함께 먹는 편이 낫다고 말하기도 한다. 일리 있는 얘기다. 하지만 칼로리는 높더라도 몸에 여러 가지 유익한 효과를 발휘하는 냉면 한 그릇이 더 이롭지 않을까?

말로 표현하지 않아도 누구나 알고 있는 면발의 '씹는 맛'은 다른 곡류를 이리저리 섞어봐도 재현하기 힘들다. 동서고금을 막론하고 대부분 사람들은 쫄깃하면서도 부드러운, 그래서 '입에 착 달라붙는' 면발을 좋아한다. 그 씹는 맛을 내는 마법의 물질이 글루텐gluten이다. 글루텐은 밀알이 싹을 틔워 광합성을 하기 전까지 영양분으로 쓰이는 저장 단백질인 글리아딘과 글루테닌의 복합체로, 밀에만 들어 있다.

물에 녹지 않는 단백질(글리아딘과 글루테닌)이 물을 만나면 끈기가 생겨 서로 결합한다. 이 결합된 단백질이 글루텐이다. 밀가루와 물을 혼합해 반죽하면 글루텐 분자가 사슬과 같이 얽혀 일종의 그물 구조를 형성한다. 면이 쫄깃해지는 것은 바로 이런 구조 덕분이다. 쌀에는 글루텐이 없어 밀가루처럼 반죽을 할 수가 없다. 쌀을 주로 밥이

나 떡을 만들 때 이용하고 빵이나 국수, 만두 등 반죽이 필요한 요리에 적용하기 어려운 이유다.

메밀은 쌀이나 밀가루보다 아미노산이 풍부하고, 특히 필수아미노산인 트립토판이나 트레오닌, 라이신 등이 다른 곡류보다 많다. 단백질의 질이 우수할 뿐 아니라 비타민B1과 B2는 쌀의 세 배나 되고, 비타민D와 인산 등도 많이 들어 있다. 이래저래 메밀은 영양 많고 맛 좋은 식재료다.

29.

따뜻한 차 한잔, 마음까지 따뜻하게 만든다

세상에는 정말 다양한 사람들이 있다. 얼굴은 예쁜데 쌀쌀맞은 사람이 있는가 하면, 얼굴도 예쁘면서 마음까지 따뜻한 사람도 있다. 어떤 사람의 성질을 '따뜻하다'거나 '차다'고 한번 판단하면, 그것은 강한 첫인상으로 남는다. 일반적으로 사람들은 따뜻한 사람에게 끌린다.

오래된 속설 가운데 "손이 차가운 사람은 가슴이 따뜻하고, 손이 뜨거운 사람은 마음이 차다"라는 말이 있다. 아마도 이런 속설은 손이 차가운 사람을 위로하려는 차원에서 나온 말이 아닐까 싶다. 과학자들의 연구 결과 '손이 따뜻한 사람이 마음도 따뜻하다'는 사실이 입증되었기 때문이다.

미국 콜로라도 대학 경영학 교수 로렌스 윌리엄스와 예일 대학 심리학 교수 존 바그는 임상실험을 통해 따뜻한 온도가 심리적인 따뜻함에도 영향을 미친다는 사실을 밝혀냈다. 따뜻한 물체를 만지고 나면 다른 사람을 대하는 마음도 너그러워져 더 다정하게 대하게 된다는 것이다.

실험 내용은 이렇다. 실험에 참가한 대학생 41명이 테스트 룸에 가려고 예일 대학 엘리베이터를 타면, 노트와 커피 컵을 든 안내자가 다가가 이름과 시간을 써야 하니 컵을 잠깐 들어달라고 부탁했다. 이때 한 그룹은 따뜻한 커피가 든 컵을, 다른 그룹은 아이스커피가 든 컵을 받았다. 물론 참가자들은 엘리베이터에서 잠시 받아 들었던 커피가 테스트와 관련돼 있다는 것을 전혀 눈치채지 못했다. 심리 테스트를 받으러 4층에 올라온 실험 참가자들에게 "커피를 들어달라고 부탁한 사람에게서 어떤 인상을 받았는지"를 물었다. 열 가지 항목으로 나눠 인물의 성격을 평가하게 했는데, 상당히 흥미로운 결과가 나왔다.

잠깐이나마 따뜻한 컵을 들었던 학생들은 "너그럽고 친절한 사람이라는 인상을 받았다"는 항목에 "그렇다"고 응답한 비율이 차가운 아이스커피 컵을 들고 있던 학생들보다 훨씬 높았다. 단지 잠시 맡긴 컵의 온도 차이로 사람의 인상까지 달라진다는 결과가 나온 것이다.

두 번째 실험 결과는 더욱 흥미롭다. 연구 팀은 53명의 학생에게 제품 테스트라고 밝히면서 치료용 패드를 손등에 붙여줬다. 그러고는

테스트에 참가해줘 고맙다며 아이스크림 쿠폰이나 음료 교환권 등을 본인이 가져가거나 친구에게 선물해도 된다고 했다.

결과는 놀라웠다. 따뜻한 패드를 붙인 학생은 자신이 갖기보다 친구에게 쿠폰을 선물하는 경우가 더 많았고, 반대로 차가운 패드를 붙인 학생은 친구에게 주기보다 자신이 상품을 가져가는 경우가 더 많았다. 패드의 온도 차이 하나로 이기심과 이타심이 갈린 것이다.

윌리엄스 교수는 이러한 실험 결과가 나타난 원인을, 물리적 온도를 인지하는 뇌의 영역과 사람 사이의 신뢰 같은 심리적 따뜻함과 관련된 정보를 처리하는 뇌의 영역이 겹치기 때문이라고 설명했다. 그 부위는 바로 뇌섬엽insula이라는 뇌의 특수 영역이다. 이는 물리적 특성과 심리적 특성이 우리가 생각하는 것보다 더욱 밀접한 관계가 있음을 보여주는 흥미로운 결과다.

지금까지 많은 과학자들이 어릴 때 온기를 느끼는 신체 접촉이 정서 발달에 매우 중요하다는 이론을 다양하게 내놓았다. 그중에서도 1958년 미국의 저명한 심리학자 해리 할로의 '가짜 원숭이' 실험이 유명하다. 그는 어미 원숭이 모형을 철사로 하나 만들고 또 하나는 헝겊으로 만들어, 그 사이에서 실제 원숭이 새끼가 지내도록 했다. 그런데 새끼 원숭이는 헝겊으로 만들어진 모형 곁에서만 지냈다. 헝겊에서 따뜻한 온기가 느껴졌기 때문이다. 혹시 먹을 것이 있으면 그쪽에서 쭉 지내지 않을까 하여 철사 원숭이 모형에만 젖병을 매달아

놓았는데, 새끼는 젖병을 빨 때만 그곳에 잠시 머물다가 다 먹고 난 후에는 바로 헝겊 어미에게로 돌아갔다.

그런데 헝겊 어미 모형 곁에서 지낸 원숭이 새끼는 자라서 정상적인 행동을 보인 반면, 철사 어미 모형 곁에서 지낸 원숭이 새끼들 가운데는 심각한 장애가 발생한 원숭이도 있었다. 이는 물리적 환경이 성품과 밀접한 상관관계가 있음을 보여주는 연구 결과다.

결론적으로 윌리엄스 박사나 할로 박사의 실험 결과가 전하는 메시지는 물리적 요소나 환경적 요소가 우리도 모르는 사이에 우리의 행동이나 기분에 지대한 영향을 미친다는 것이다. 손에 작은 물건을 쥐는 것도 감정에 영향을 주며, 옷을 입는 것도 행동에 영향을 준다. 다른 사람과 악수를 할 때 장갑을 끼고 하느냐 벗고 하느냐에 따라서도 이입되는 감정이 달라질 수 있다.

그렇다면 이런 결론을 실생활에 어떻게 응용할 수 있을까? 냉철하고 지적인 인상을 주고 싶을 때는 차가운 음료를, 부드러운 인상을 주고 싶을 때는 따뜻한 차를 건네는 식으로 응용해보는 것도 괜찮을 듯하다. 윌리엄스 박사에 따르면 물리적으로 따뜻한 경험을 한 사람이 마음도 따뜻해지므로, 만일 마트에서 공짜로 나눠 주는 시식용 음식의 온도가 따뜻하다면 더 많은 손님을 모을 수 있을 것이라고 한다.

그러니 지금부터라도 우리 집을, 내 가게를 찾는 손님들에게 차가운

음료를 내놓기보다는 정성 들여 따뜻한 차 한잔을 대접해보자. 따뜻한 차 한잔이 전하는 온기가 손님들의 마음까지 덥힐 것이다. 팍팍한 세상살이에 힘겨워하는 현대인들이 필요로 하는 것은 차가운 손이 아니라 따뜻한 손이다.

30.

마음의 키를 키워라, 행복은 키 순서다

요즘 우리 사회가 외모 지상주의에 빠져 있다는 말을 상당히 자주 듣는다. 사람들이 외모를 중시하는 것은 분명한 사실인 듯하다. 남자나 여자나 이성을 볼 때 가장 많이 고려하는 것이 외모다. '여자는 무조건 얼굴이 예쁘고 피부가 깨끗해야 하고, 남자는 일단 잘생기고 키가 커야 한다'고 생각한다. "마음이 착해야 한다"는 말은 항상 그 뒤에 붙는 말이 되었다.

미국 프린스턴 대학의 앵거스 디톤 교수가 '행복 지수'를 조사한 결과, 키가 클수록 교육 수준이 높고, 소득이 많으며, 자신이 행복하다고 느끼고, 더욱 적극적으로 행동하는 경향이 있는 것으로 나타났다. 이 연구 결과는 〈경제와 인간 생물학Economics and Human Biology〉 지에 발표되었다.

디톤 교수 팀은 미국의 여론조사 기관 갤럽과 함께 18세 이상의 미국 성인 45만 4065명을 대상으로 자신이 얼마나 행복하다고 느끼는지, '인생의 사다리'에서 자신이 어느 지점에 와 있다고 생각하는지를 묻는 설문조사를 했다. 그 결과 키가 클수록 자신의 삶에 긍정적이고 자신이 행복한 사람이라고 생각했다. "9점 만점으로 자신의 삶을 평가한다면 당신의 삶은 몇 점인가?"라는 질문에 평균 신장(178센티)보다 키가 작은 남성들은 평균 6.41점을 준 반면, 평균 신장보다 키가 큰 남성들은 6.55점을 주었다. 여성도 마찬가지여서 평균 신장(163센티)보다 키가 큰 여성들은 그렇지 않은 여성들보다 평가 점수가 0.09점 높았다.

또 "내 인생은 최악"이라고 대답한 남자들은 키가 평균보다 2센티 작았다. 여자도 마찬가지여서 "인생 사다리의 맨 아래 계단에 있다"고 대답한 여자들은 키가 평균보다 1.3센티 작았다.

또한 이 연구에서는 키와 학력의 관계도 살펴보았는데, 그 결과 고교를 졸업하지 않은, 즉 학력이 고교 중퇴 이하인 남성들은 키가 평균보다 1.27센티 작았고, 대졸 남성의 평균보다는 2.54센티나 작았다. 학력이 올라갈수록 평균 키가 커진 것이다.

또 키가 2.54센티 커질 때마다 소득이 4퍼센트 상승하고, 그 비율만큼 인생의 만족도도 높았다. 키 큰 남자는 스트레스와 분노를 느끼는 비율이, 키 큰 여자는 걱정을 느끼는 비율이 더 높았다. 하지만 그들은 슬픔이나 신체적 고통 같은 부정적인 감정을 느끼는 비율이 키 작은 사람보다 낮았다. 디톤 교수는 "키가 큰 사람은 그렇지 않은 사람보다 고등교육을 받는 경향이 있고, 그렇기 때문에 소득수준도 높으며, 이런 차이가 자신의 삶을 평가할 때 영향을 미쳤을 것"이라고 설명한다.

실제로 2009년 5월 시드니 대학과 호주 국립대학 공동 연구진이 자국민 2만여 명을 대상으로 조사한 결과에서도 "키가 10센티 크면 시급이 여성은 2퍼센트, 남성은 3퍼센트 증가"하는 것으로 나타났다. 그러나 이는 통계상의 이론에 불과하다. 통계상으로 키가 큰 사람들이 행복 지수가 높은 것으로 나타났지만, 키가 큰 사람들이 교육을 더 많이 받는 이유를 밝혀내지는 못했다. 만약 큰 키와 높은 교육 수준이 필연적인 관계가 없다면, 키가 큰 것이 행복의 원인이라고 말할 수는 없을 것이다.

사람마다 키와 몸무게가 다르듯이 행복을 느끼는 정도와 기준 또한 저마다 다를 것이다. 행복은 자신이 만드는 것이다. 내가 나에게 쏟는 관심이 곧 나를 만든다. 자신에게 매일 먹이를 주고 관심을 쏟아야 한다. 행복은 밖이 아니라 내 안에서 자라나는 것이므로 행복을 키울 사람은 남이 아닌 바로 나 자신이다.

31.
옷 벗는 스타일을 보면 성격이 보인다

"회사 남자 동료가 소개팅에 나갔는데 한창 좋은 분위기에서 혈액형 이야기가 나왔나 봐. 자기는 B형이라고 말했지. 그런데 분위기가 갑자기 썰렁해지더니 결국 흐지부지됐대. 요즘 여자들이 B형 남자는 괴팍하거나 바람둥이라며 싫어한다는 거야."

요즘 젊은이들이 성격을 말할 때 가장 먼저 연관 짓는 게 혈액형이다. 혈액형에 따라 성격이 결정된다는 '혈액형 성격학'은 이제 심심풀이로 보는 사주팔자 수준을 넘어서고 있다. 어떤 은행에서는 공제보험 담당 직원을 모집하며 "O형과 B형만 지원하라"는 공고를 냈다가 누리꾼들의 격렬한 항의를 받기도 했다. 그 은행이 혈액형을 제한한 이유는 'A형과 AB형은 추진력이 없다'는 것이었다.

경영 정보지 〈월간CEO〉는 국내 100대 기업 대표이사 93명의 혈액형을 조사해 발표한 적이 있다. 그 결과를 보면 B형이 가장 많은 36명으로 38.7퍼센트를 차지했고, A형이 24.7퍼센트, O형이 23.7퍼센트였다. 〈월간CEO〉에서는 이런 현상을 "시대 변혁기에는 고정관념에 얽매이지 않는 B형이 경영 전면에 등장하는 것으로 보인다"고 해석했다.

또 배우자를 고를 때 남녀의 띠를 따지기도 한다. 예를 들어 "호랑이띠 여자와 양띠 남자는 성격이 맞지 않는다"는 속설이 있다. 호랑이가 양을 잡아먹는 것을 빗대 여자가 남자를 몰아세울 게 빤하다고 유추하는 것이다. 마찬가지로 "말띠 여자는 성질이 불처럼 거칠고 급하고, 소띠는 성질이 느긋하다"는 말들을 종종 한다. 그러나 아무 근거 없는 이야기일 뿐이다.

미국의 저명한 심리학자 프랭크 카프리오 박사는 특이하게도 옷을 벗는 순서를 보면 성격을 알 수 있다는 재미있는 연구 결과를 내놓았다. 외출했다가 집에 들어왔을 때 몸에서 무엇을 제일 먼저 떼어내는지를 보면 성격을 유추할 수 있다는 것이다. 그가 제시한 성격 유형은 일곱 가지다.

먼저 '제멋대로형'이 있다. 제멋대로형은 집으로 들어오자마자 옷이나 양말, 신발, 장신구를 한 꺼풀씩 풀어헤쳐 온 집 안에 늘어놓는 사람이다. 이런 유형은 지극히 외향적인 낙천주의자로 매사를 긍정적으로 생각한다. 하루하루를 파티 하는 기분으로 아무 걱정 없이 즐겁게 살며 주변 사람들도 기분 좋게 해주는 장점이 있다. 하지만 고민에 빠진 친구에게도 "별일도 아닌 것 갖고 고민하지 마라"는 식으로 충고하기 때문에 자칫 무심한 친구로 인식될 수도 있다. 그리고 한번 심각한 일에 빠지면 모든 것을 포기할 정도로 무섭게 무너져버리는 유형이라 슬럼프 기간이 상당히 긴 편이다.

제멋대로형과 달리 한 치의 흐트러짐 없이 모든 걸 제자리에 단정하게 벗어놓고 정리하는 사람도 있다. 바로 '조심조심형'이다. 이런 사람들은 성격이 지극히 예민하다. 물건도 조심조심 다루고 주변 사람들에게도 상당히 세심한 배려를 하며 희생정신을 보인다. 또한 자신의 생을 항상 일정한 수준으로 유지할 수 있도록 애쓰는 노력파다. 그러나 조금만 정도를 넘어서도 모든 것에 철저함을 원하는 신경질적인 완벽주의자로 돌변할 여지가 많다.

그런가 하면 집 안에 들어서자마자 무조건 발에 걸친 것부터 벗어던지는 사람도 있다. '맨발형'이다. 집에만 들어가면 발에 아무것도 걸치지 못한다. 신발도 후다닥 벗어던지고 옷보다 먼저 양말부터 벗어젖힌다. 이런 사람들은 대개 수줍음을 타는 내성적인 성격의 소유자다. 은근히 남에게 의지하고 싶어하는 심리가 늘 마음 한구석에 자리잡고 있는 한편 생각은 많이 하지만 행동으로 잘 옮기지 못하는 유형이다. 그렇지만 일단 행동으로 옮기면 철저히 규율을 지키며 어떤 일이든 흠잡을 데 없이 해낸다.

'굼벵이형'도 있다. 마치 깊은 생각에 빠진 것처럼 천천히 옷을 벗는 사람이다. 웃옷 하나 벗는 데 몇 분, 아랫도리 하나 벗는 데 또다시 몇 분……. 이런 사람들은 대부분 자신의 지적 능력을 과대평가하며 무슨 일이든 서두르지 않는다. 추진력은 있지만 발동이 늦게 걸리는 유형으로, 뭐든 심사숙고하기 때문에 언제나 사색할 시간이 충분히 있어야 성이 찬다. 행동이 생각보다 한 템포 늦기 때문에 자신도 가끔은 답답해하는 묘한 성격의 소유자다.

굼벵이형과 정반대되는 유형인 '번갯불형'도 있다. 번갯불에 콩 볶아 먹듯 집으로 들어오자마자 금세 옷을 벗어버리고 어느새 실내복으로 갈아입는다. 이런 유형은 간단한 것을 선호한다. 격식을 차리는 것을 좋아하지 않고 웬만하면 복잡한 생각에 빠져들거나 관계에 끼어들려고 하지 않는다. 하지만 자신이 관계된 일이라면 끝장을 보고야 만다. '나를 위해 무엇을 해야 할지'보다는 '다른 사람이 자신에게 뭘 기대하는지'에 더 신경 쓰는 타입이다. 자신보다는 가족의 행복에 더 관심이 있어 가정생활을 가족 중심으로 꾸려가고 빈둥거리고 노는 일이 없이 항상 바쁘다.

옷보다는 액세서리를 가장 먼저 벗는 사람도 있다. 시계, 반지, 팔찌, 귀고리 등 모든 액세서리를 먼저 풀러놓는 '보석 중심형'이다. 이런 사람은 마음이 따뜻하고 사려 깊으며 다른 사람에게 나쁜 마음을 품는 것만으로도 그 사람에게 미안함을 느끼는 순수한 면이 있다. 그래서 뜬금없이 그 사람에게 미안하다는 말을 꺼낼 정도다. 늘 많은 사람들과 어울리는 것을 좋아하고 혼자 있는 것을 끔찍이도 싫어한다. 다른 사람과의 관계를 늘 자신의 공상 속에서 다시 생각하고 가정하는 등 예민한 면을 가진 한편 감성이 풍부하고 자주 애수에 젖어드는 낭만파기도 하다.

매번 다른 방법으로 옷을 벗는 이들도 간혹 있다. '변덕형'이다. 상당히 소수긴 하지만 이런 유형의 사람들은 호기심으로 똘똘 뭉쳐 있어 궁금한 것을 그냥 넘기지 못한다. 돈키호테 같은 엉뚱함으로 사람들을 놀라게 만들기도 한다. 한 가지에 안주하는 것을 지루하고 따분한 일이라고 생각하기 때문에 늘 다양한 활동 거리를 찾아 분주히 움직이며 재미있게 산다.

혈액형이든, 띠든, 옷을 벗는 순서든, 무언가로 상대방의 성격을 유추하는 일은 참으로 재미있다. 그러나 상대방의 성격을 알아내려는 마음보다는 그 성격을 이해하려는 마음이 더 중요하다. 철학자 쇼펜하우어는 "인간은 의지대로 행동할 수 있지만, 의지로 의지를 만들어낼 수는 없다"고 했다. 사람마다 고유한 성격을 억지로 바꾸려 하지 말라는 얘기다. 서로의 성격 차이를 인정하고 각자 취향에 따라 인생을 살아갈 환경이 갖춰질 때 사회는 행복한 사람들로 가득 차지 않을까.

32.

기합은 실제로 힘을 준다

운동선수들은 시합에 임하기 전에 힘을 내기 위해 기합을 지른다. 특히 순간적으로 큰 힘을 내야 하는 역도, 창던지기 같은 종목에서 기합은 더 큰 효과를 발휘한다. 국립체육과학연구원에서는 국가대표 선수들에게 경기력 향상을 위해 '기합'을 효과적으로 사용할 것을 권하기도 한다. 실제로 선수들은 '파이팅!'이나 '아자!' 같은 소리를 내지르면 더 강한 힘을 얻는다고 한다.

운동선수가 아닌 일반인도 일상생활에서 종종 기합을 지르곤 한다. 무거운 물건을 들 때, 응원할 때, 정신을 집중할 때 우리는 기합을 지른다. 그렇다면 기합은 실제로 우리 몸을 깨우고 힘을 불어넣는 효과가 있을까?

여자 투포환 선수를 대상으로 근력을 측정한 결과, 소리를 전혀 지르지 않았을 때는 238뉴턴, 소리를 질렀을 때는 265뉴턴으로 기합을 넣었을 때 근력이 더 강했다. 근력을 전기적으로 측정하는 근전도도 기합을 넣지 않았을 때는 328마이크로볼트, 기합을 넣었을 때는 515마이크로볼트로 후자가 더 높게 나타났다. 즉 기합을 질렀을 때 더 큰 힘이 났다.

기합을 넣었을 때 더 큰 힘이 나는 이유는 우리의 몸에서 생리적 변화가 일어나기 때문이다. 기합을 넣은 시점과 직후에는 피부 활동 지수와 맥박이 모두 최고치까지 높아진다. 우리 몸의 흥분도가 최고로 높아지는 것이다. 이 흥분도는 운동뉴런에도 영향을 미친다. 미국 오리건 대학의 연구 결과에 따르면, 기합을 넣을 때 운동뉴런의 흥분도가 약 1.3배 증가한다고 한다. 이처럼 기합은 실제로 운동 능력을 높이고 힘을 끌어올리는 효과가 있다.

우리가 운동을 할 때는 뇌에서 '운동하라'는 명령을 내리는데, 이는 전기신호로 바뀌어 신경을 통해 우리 몸의 각 기관으로 전달된다. 이때 기합을 지르면 우리 몸은 흥분 상태가 된다. 그러면 신경 즉 운동뉴런 역시 흥분하고, '움직이라'는 신경신호가 더 빨리 그리고 더 많이 각 근육에 전달된다. 신경 전달 속도가 빨라지면서 빈도수가 높아지니까 근섬유가 많이 동원되고, 이는 큰 힘을 발휘하는 데 영향을 미친다. 이런 원리로 기합을 지르면 더 큰 힘을 낼 수 있는 것이다.

"하나, 둘, 셋, 얍!"

특별히 배운 적도 없고, 방법이 정해져 있지도 않은 일상 속의 기합. 우리가 힘을 쓸 때 자연스럽게 기합 소리를 내는 것은 몸이 터득한 삶의 지혜다. 스스로 기합을 지를 때뿐만 아니라 다른 사람이 기합을 넣어줄 때도 근력은 상승한다. 다른 사람이 넣어주는 기합 소리를 듣는 것만으로도 근력이 증가하는 것이다. 감독이 큰 소리로 선수들에게 불어넣어주는 기합도 실제로 효과가 있는 것이다.

넓은 의미의 기합이라 할 수 있는 응원도 놀라운 효과를 발휘한다. 수만 관중이 한마음으로 선수를 향해 내지르는 커다란 함성에는 실제로 큰 힘이 실려 있다. 즉 기합은 내 몸은 물론 다른 사람 몸속의 숨겨진 에너지까지 이끌어내는 놀라운 힘이 있는 것이다. 이런 기합의 특별한 효과를 남들보다 먼저 눈치챈 사람들은 기합을 통해 활력을 찾고 젊음과 건강을 유지한다. 야구장을 가득 메운 수만의 관중들. 이들이 경기장을 찾는 이유는 단순히 야구 경기를 보기 위해서만은 아니다. 야구장에서 그동안 직장에서 받은 스트레스를 큰 소리로 응원하면서 풀기 위해서다.

뿐만 아니다. 중요한 시험을 앞두고 "나는 할 수 있다!"고 큰 소리로 외치며 자기암시를 하는 행동을 누구나 한번쯤 해보았을 것이다. 암기과목을 공부할 때, 큰 소리로 달달 외워본 경험도 있을 것이다. 공부하기 전에 또 공부를 하면서 내는 큰 소리는 자신감과 집중력을 높인다고 한다. 온몸의 기를 모아 정신을 집중하면 방심이나 잡념이 사라진다는 것이다.

일본의 저명한 뇌과학자 가와시마 류타 교수는 소리를 내는 것이 두뇌 발달에도 도움이 된다고 주장한다. 다음 날 할 일을 생각할 때와 간단한 계산 문제를 풀 때, 그리고 텔레비전을 볼 때, 소리를 내서 책을 읽을 때 등 일상적인 네 가지 활동을 할 때 뇌가 활동하는 모습을 조사한 그는 계산할 때와 소리 내서 책을 읽을 때 뇌의 전전두엽이 가장 활성화된다는 사실을 밝혔다. 전전두엽이란 오직 인간에게만 있는 영역으로, 고도의 사고력을 요하는 언어, 기억, 추론, 의사 결정 등을 관장하는 부분이다.

하지만 크게 소리 내서 읽는 이런 학습 방법은 고도의 사고력을 요하는 계산이나 논리적 사고를 할 때는 도움이 되지 않는다. 말의 속도보다는 생각의 속도가 세 배 이상 빠르기 때문에 몰입이 필요한 상황에서 크게 소리를 내면 생각의 속도와 충돌하게 된다. 결국 깊은 생각을 요구하는 독서 등을 할 때는 소리가 오히려 방해 요소가 될 수 있다. 집중력이 필요한 학습을 할 때는 소리를 내지 않는 게 더 효과적이라는 얘기다.

큰 소리를 내는 학습 방법은 언어를 학습할 때 가장 효과적이다. 큰 소리가 언어 학습에 도움이 된다는 과학적 근거는 우리 뇌의 특성에서 찾을 수 있다. 언어 학습에서 가장 중요한 쓰고 읽고 듣고 말할 때 우리 뇌는 각기 다른 부분이 활성화된다. 이것은 우리 뇌의 각 부분이 서로 다른 학습 영역을 담당한다는 것을 의미한다. 따라서 언어를 학습할 때는 쓰기, 읽기, 듣기, 말하기 등을 관장하는 뇌의 각기 다른 영역들을 활성화하는 맞춤 학습법이 필요하다.

기합을 우렁차게 내지를 때마다 내 몸은 더 강해지고 두뇌의 언어 영역은 더욱 활성화된다. 그러니 오늘도 자신 있게 외쳐라. '이얍!'

33.

남성들이여, 연인이 없다면 스포츠카를 타라

현대를 배경으로 하는 영화라면 거의 빠지지 않고 등장하는 소품 중 하나가 바로 자동차다. 자동차는 영화의 시대적 배경과 사회상을 대변하며, 등장인물의 신분과 재력은 물론 성격까지 짐작케 한다. 007 시리즈의 열 번째 영화인 「나를 사랑한 스파이」에는 수륙양용차인 로터스의 '에스프리Esprit'가 등장한다. 에스프리는 1976년부터 영국에서 생산된 대표적인 스포츠카다.

엄청난 출력과 속도, 멋있는 자태를 뽐내는 스포츠카는 누가 보아도 매력적이다. 매끈한 디자인과 세련된 이미지는 사람들의 마음을 끌어당긴다. 어쩌면 영화의 주인공이 된 것 같은 기분을 느낄 수 있다는 점에 더 큰 매력을 느끼는 게 아닐까 싶기도 하다.

스포츠카는 특히 남성들이 좋아한다. 물론 꼭 스포츠카가 아니더라도 모든 차를 좋아한다. 남성들은 취직하자마자 가장 먼저 무리를 해서라도 할부로 차를 사는 경우도 많다. 남성들이 차를 좋아하는 것은 태생적으로 역동적인 사물을 좋아하기 때문이기도 하다. 진화를 거듭한 차체와 엔진, 가공할 만한 속도는 많은 남성 운전자들을 매혹하며, 한번쯤 스포츠카를 몰고 싶은 욕망을 품게 만든다. 하지만 남성들이 스포츠카에 열광하는 이유는 이게 전부가 아니다. 스포츠카가 남성들에게 매혹과 찬탄의 대상이 되는 더 큰 이유는 무엇일까?

스포츠카를 타는 사람들은 한마디로 '몸이 붕 뜨는 기분'이 든다고 말한다. 일종의 극한 상황에서 느끼는 무아지경 내지는 황홀경이라고나 할까. '내가 내 몸 밖으로 빠져나간 기분'이 든다고 표현하는 사람도 있다. 심지어 미국 카레이서 중엔 "코카인을 마신 것과 흡사하다"고 말하는 사람까지 있다. 가속도가 붙은 스포츠카를 타는 남성들은 산 정상에 올랐을 때의 벅찬 환희나 가슴이 터질 것 같은 희열을 느낀다고 한다.

대부분의 신경학자들은 그러한 기분이 드는 원인으로 '도파민'을 지목한다. 남성이 스포츠카를 몰 때는 모르핀과 비슷한 호르몬인 도파민이 인체에 생성되는데, 이 도파민이 뇌에 가득 차면 쾌감을 느끼게 된다. 도파민은 성적 욕구에 관여하는 가장 중요한 신경전달물질로 주로 성관계할 때나 맛있는 음식을 먹을 때, 운동할 때 많이 분비된다. 도파민을 분비하는 신경세포는 섹시한 분위기도 기억한다. 따라서 스포츠카를 모는 사람들은 성관계할 때의 스릴과 쾌감을 간접적으로 스포츠카를 타면서 느끼는 셈이다.

그 짜릿한 맛을 느껴본 사람은 또다시 그런 상태를 느끼고 싶어한다. 그래서 마약중독자가 마약에 빠져들 듯이 더욱더 스포츠카에 빠져든다. 기분을 좋게 만드는 도파민은 일종의 마약과 같다. 특정한 상황에서 도파민이 거듭 분비되면 중독 현상이 생긴다. 뇌가 스포츠카에 중독되는 것이다.

독일 올름 대학병원의 연구진은 남성들에게 다양한 자동차 사진을 보여주고 뇌의 반응을 관찰하는 실험을 진행했다. 연구진은 자동차 사진을 본 남자들의 뇌 활동을 뇌 스캐너로 기록했는데, 일반 자동차를 보여주었을 때와 멋진 스포츠카를 보여주었을 때 활발하게 활동하는 뇌의 영역이 달랐다. 멋진 스포츠카 사진을 볼 때는 사회적 지위 및 보상과 관련된 영역이 가장 활발하게 활동했다. 또 쾌감중추의 움직임도 왕성해져 도파민 분비량이 현저하게 늘어났다. 결국 남성은 스포츠카에서 사회적 지위와 보상을 연상하고, 또 아름다운 여자와 성관계할 때와 같은 쾌감을 느끼는 것이다. 이와 같은 뇌의 작용이 남성들로 하여금 스포츠카에 사족을 못 쓰게 만드는 것이다.

여름이 다가올수록 스포츠카는 남성들에게 더 많은 사랑을 받는다. 멋진 디자인과 짜릿한 주행 능력을 갖춘 차로 휴가철을 보내고 싶어하기 때문이다. 이 역시 사회적 보상 심리다. 연인이 없어 성관계를

맺을 기회가 없는 남성들이여, 스포츠카의 계절인 여름에 멋진 스포
츠카를 타고 고속도로를 달리며 도파민이 선사하는 쾌감을 만끽해
보라.

행복의 비밀 3 : Wisdom

34.

돈 생각만으로도 행복해진다

돈이 얼마나 있어야 행복할까? 20억 원을 가진 사람이 2억 원을 가진 사람보다 행복할까? "돈으로 행복을 살 순 없다"라는 말에는 대부분 사람들이 수긍하지만 "돈이 많다고 행복한 건 아니다"라는 말에는 적잖은 사람들이 반기를 든다. 또 어떤 사람들은 "행복하지 않아도 좋으니 돈이라도 많아봤으면 좋겠다"고 말하기도 한다.

많은 사람들이 행복의 전제조건으로 돈을 드는 이유는, 실제로 인간이 살아가는 데 돈이 개입되지 않은 일이 거의 없기 때문이다. 윌리엄 서머싯 몸은 "돈은 인간의 여섯 번째 감각이다. 그것 없이는 오감을 느낄 수 없다"고 말했을 정도다.

그렇다면 대체 사람들은 돈이 얼마나 있어야 행복하다고 느낄까? 이 물음에 미국 펜실베이니아 주립대학의 사회학자인 글렌 파이어보 교수와 로라 타흐 교수는 "주위 사람들보다 더 많이 있어야 사람들은 행복해한다"고 답한다. 1972년부터 2002년까지 미국인 2만여 명을 대상으로 '돈과 행복의 관계'를 조사한 두 교수는 '돈이 사람을 행복하게 한다'는 결론을 내렸다. 나보다 더 많이 벌고 더 많이 쓰는 사람이 있는 한 절대 행복할 수 없다는 것이다. 왜냐하면 행복은 욕망을 충족해가는 과정에서 느끼는 것인데, 사람들은 풍족한 소비를 통해 욕망을 충족하므로 행복해지려면 많은 돈이 필요하다는 것이다.

그러나 욕망이 소득보다 더 빠르게 증가한다면 아무리 많은 돈을 벌어도 절대 행복할 수 없다. 영국 BBC에서 실시한 조사에서도 비슷한 결과가 나왔는데, '내가 월급 300만 원을 받고 남이 450만 원을 받는 경우'와 '내가 월급 150만 원을 받고 남이 100만 원을 받는 경우' 가운데서 어떤 경우를 선택할지 묻는 질문에 후자를 선택한 사람들이 더 많았다. 절대 액수가 많더라도 남보다 적게 받는 것보다는 절대 액수가 적더라도 남보다 많이 받는 것에 더 만족감을 느낀다는 것이다.

1974년 미국 펜실베이니아 대학의 경제학 교수였던 리처드 이스털린은 「경제성장이 인간의 행복을 증진하는가?Does economic growth improve the human lot?」라는 논문을 발표했다. 그는 1946년부터 가난한 나라와 부자 나라, 사회주의 나라와 자본주의 나라 등 30개국의 행복도를 조사했는데, 경제발전 단계나 사회체제와는 상관없이 소득

아무리 생각해도 난너를

이 높은 사람들이 높은 행복도를 보이는 것으로 나타났다. 그러나 일정 시간이 지나면 소득수준이 더 높아져도 행복도는 올라가지 않는 것으로 나타났다.

제2차 세계대전에서 패망한 뒤 급속한 발전을 이룬 일본인들의 경우, 1970년대까지 1인당 국민소득이 일곱 배나 높아졌지만 삶의 만족도는 그만큼 늘어나지 않았다. 부유해졌지만 행복해진 것은 아닌 것이다. 이러한 조사 결과를 바탕으로 이스털린 교수는 사람들의 기본적인 욕구가 충족되고 나면 경제성장이 삶의 만족도를 높여주지 않는다는 결론을 내렸다.

하지만 이러한 '이스털린 역설'에 정면으로 도전하는 논문이 2008년에 발표되었다. 미국 펜실베이니아 대학의 경제학자 베시 스티븐슨과 저스틴 울퍼스는 여러 나라에서 실시한 각종 여론조사 결과를 분석하여, 부자 나라 국민들이 더 행복하며 돈이 많을수록 삶에 대한 만족도가 높다는 결론에 도달했다. 이들에 따르면, 연간 가구소득이 25만 달러 이상인 미국인들은 90퍼센트가 "매우 행복하다"고 응답한 반면에, 3만 달러 미만인 미국인들은 42퍼센트만이 "행복하다"고 답변했다고 한다.

여기에 더해 미국의 미네소타 대학 연구 팀은 돈이 많고 적음을 떠나 돈을 만지는 것만으로도 인간은 행복을 느낀다는 연구 결과를 내놓았다. 사람들이 돈을 셀 때 감정이 고조되고 면역체계가 활발하게 활동해 행복을 느낀다는 것이다. 이들 연구 팀은 실험에 참여한 사람들을 두 그룹으로 나누어 한쪽은 100달러짜리 묶음을 세게 하고, 다른 쪽은 일반 종이 묶음을 세게 했는데, 그 결과 실제 돈을 센 사람들은 감정이 고조되고 낙천적인 반응을 나타냈다. 돈을 센 실험자들은 돈을 만지면서 대리만족을 하여, 종이를 센 사람들에 비해 스트레스를 덜 받았다. 재미있는 점은 돈이 지폐든 동전이든 상관없이 인간의 감정을 변화시켰다는 점이다. 결국 액수가 중요한 게 아니었다.

또 중국 중산대 심리학과의 센웨저우 교수가 100여 명의 학생들을 대상으로 한 실험에서는 돈을 생각하기만 해도, 뜨거운 물에 손을 넣는 상황에서도 고통이 줄어들고, 왕따를 당하더라도 서러움을 잊게 된다는 결과가 나왔다. 돈 생각만 해도 행복하고, 돈 냄새만 맡아도 즐겁고, 돈 모양만 봐도 뿌듯해진다는 것이다. 이는 돈을 얻는다는 생각 덕분에 자신감과 힘이 샘솟고 사고에 유연성이 생기기 때문이라고 센웨저우 박사는 설명한다.

물론 돈이 전부가 아니라는 것은 누구나 아는 사실이다. 그러나 돈이라도 없으면 어쩌나 싶은 두려움이 돈에 집착하게 만들고, 그런 까닭에 돈을 생각하는 것만으로도 마음에 여유가 생겨 고통이 완화된다는 얘기다.

그렇다고 무턱대고 부자가 되려고 발버둥 칠 필요는 없다. 무엇보다 본인이 원하는 경제 수준, 만족과 행복을 느낄 수 있는 경제 수준을 찾는 것이 중요하다. 50평 아파트에 살면서 대출금을 갚느라 뼈 빠지게 일하는 것보다는 30평 빌라에 살면서 좋아하는 스키를 맘껏 즐기는 편이 더 행복하다고 생각하는 사람도 많을 테니까 말이다.

35.

많이 웃어라, 웃음은 전염된다

각양각색의 표정이 담긴 사진들. 우리는 이렇게 다양한 표정이 담긴 얼굴을 보면서 그 속에 담긴 여러 이야기를 듣게 된다. 사진 속 얼굴에 담긴 표정은 때로는 슬픈 이야기를, 때로는 즐거운 이야기를 전한다. 인물 사진을 찍는 작가들은 표정이 담긴 사진으로 수많은 이야기를 전달한다. 같은 사람이라도 표정을 달리하면 느낌에 큰 차이가 난다.

이렇듯 우리는 남의 표정만 봐도 지금 저 사람이 무슨 생각을 하고 있는지 알 수 있다. 마음속에 품은 감정이나 정서 같은 심리 상태가 표정으로 드러나기 때문이다.

표정은 마음의 거울이라고 한다. 그래서 우리는 때에 따라 표정을 짓기도 하고, 숨기기도 하고, 남의 표정을 살피기도 한다. 표정은 말보다 빠르고 강한 언어다. 소리 없는 세계 공통의 언어, 표정. 사람이라면 누구나 가지고 있는 이 표정의 힘이 당신의 마음을 움직인다. 그렇다면 표정은 마음을 그대로 반영하기만 하는 것일까? 반대로 표정이 마음에 영향을 미치지는 않을까?

우리는 표정에 담긴 뜻을 쉽게 읽어낼 수 있다. 살아가면서 자연스럽게 표정 읽는 법을 터득했기 때문이다. 또 우리는 표정을 짓는 것만으로 많은 말을 대신할 수 있다. 이는 사람 얼굴에 있는 44개의 근육 덕분이다. 사람은 얼굴에 있는 근육 가운데 세 개만 움직여도 무려 4000가지 표정을 지을 수 있다. 그야말로 '오만 가지' 표정으로 자신의 감정을 표현하는 것이다.

사람의 얼굴 생김새는 각양각색이지만, 그 얼굴에 담긴 표정은 보편적이다. 각각의 표정에는 사람의 솔직한 감정이 녹아 있기 때문이다. 그래서 표정이 인류 공통의 언어인 것이다. 이것이 표정이 가진 첫 번째 힘이다. 중견 배우들의 연기에서 이 표정의 힘을 자주 느낄 수 있다. 가슴을 울리는 대사보다도 더 강력하게 감정을 전달하는 것이 바로 연기자의 진실한 표정이기 때문이다. 솔직하게 마음속에서 우러나오는 표정이 아니면 보는 사람도 금세 진실한 표정이 아닌 걸 알아차린다.

미국에는 표정 읽는 법을 전문적으로 가르치는 곳이 있다. 이곳의 주된 교육 과정 중 하나는 순간적으로 스쳐 지나가는 표정이 어떤 감정을 나타내는지 맞추는 것이다. 특히 감정을 숨기려 할 때 나타나는 미세한 특징들을 찾는 훈련을 집중적으로 한다. 이러한 과정을 통해 표정으로 그 사람의 말이 진실인지 거짓인지를 구별하는 법을 배운다.

재판에서 변호인의 질문에 긍정적인 대답을 하며 코를 찡긋거리는 증인. 그가 순간적으로 지은 표정은 바로 '혐오감'을 나타내는 표정이다. 거짓말을 하고 있다는 것을 자신도 모르게 순간적인 표정으로 드러낸 것이다. 이런 표정을 읽을 때 가장 주목해야 하는 부위는 바로 눈 주위 근육이다. 진짜로 웃는 것인지 알고 싶다면 눈 근육의 움직임에 주목하면 된다. 억지로 웃을 때는 눈 주위의 근육이 잘 움직이지 않기 때문이다.

사람들이 진심으로 행복해하거나 기뻐할 때는 얼굴에 있는 두 근육이 움직인다. 하나는 입 주위의 근육이고 또 하나는 눈 주위의 근육이다. 진짜 기뻐서 웃을 때 가장 두드러지게 움직이는 부위는 눈 주위의 근육이다. 이렇게 진짜 표정을 지을 때와 거짓 표정을 지을 때 움직이는 근육이 다른 것은 두 표정을 담당하는 뇌의 부위가 각기 다르기 때문이다. 사교적인 웃음이나 거짓 웃음과 같이 인위적인 표정들은 뇌의 대뇌피질에서 명령을 받는다.

가짜 표정은 이성의 지배를 받는다. 하지만 진짜 표정은 감정의 지배를 받기 때문에 결코 숨길 수 없다. 때문에 표정은 감정 그 자체라고 해도 과언이 아니다. 그래서 내 마음을 그대로 드러내는 강력한 언어인 것이다. 이런 표정에는 또 다른 힘이 있다.

어떤 사람이 억지로 웃을 때, 안면 근육 정보로만 보면 분명 가짜 웃음이지만 뇌는 그것을 정말 재미있어서 웃는 것이라고 해석한다. 즉 억지로 지은 표정이라도 그 표정이 나타내는 감정을 이끌어내는 힘이 있는 것이다. 이렇게 표정이 감정을 유발하는 것을 심리학에서는 '안면 피드백 효과'라고 한다.

더 나아가 표정은 자신의 감정은 물론 남의 감정에도 영향을 미친다. 방송국에서 코미디 프로그램을 녹화할 때는 방청객들이 웃는 모습을 담아 공연 내용과 자연스럽게 섞이게 편집한다. 방송을 더 재미있게 보이고자 분초가 아까운 방송에 방청객들이 웃는 모습을 넣는 것이다. 환한 방청객의 얼굴을 보면서 시청자들도 자신도 모르게 미소를 짓는다. 시청자들에게 웃음이 전염되는 것이다.

UCLA의 마르코 야코보니 박사는 표정을 보는 것만으로도 마음 상태가 변한다는 사실을 밝혀냈다. 야코보니 박사는 누군가가 웃음 짓는 표정을 보는 사람의 뇌는 본인이 실제로 웃을 때와 똑같이 반응한다는 사실을 밝혀냈다. 이런 현상은 뇌에서 감정을 담당하는 영역이 거울신경세포(동물이 특정 움직임을 행할 때나 다른 개체의 특정 움직임을 관찰할 때 활동하는 신경세포)의 영향을 받아, 다른 사람의 표정은 물론 그 속에 담긴 감정까지 모방하게 만들기 때문에 일어난다. 남이 슬퍼

하는 모습을 보기만 해도 마치 내가 슬픈 것처럼 뇌세포가 활성화된다. 그래서 우리는 타인의 감정을 쉽게 이해할 수 있다. 마치 바이러스를 통해 감기가 전염되는 것처럼 표정을 통해 타인의 감정이 나에게 전염된다. 결국 표정은 다른 사람의 감정까지 변화시키는 힘이 있는 것이다.

사람이라면 누구나 표정을 지을 수 있다. 내 감정을 드러내고 마음을 지배하며 다른 사람의 마음까지 움직이는 표정의 강력한 힘은 누구나 발휘할 수 있다. 사람들을 대할 때 밝고 환한 미소를 지어보자. 당신의 미소가 세상을 아름답게 할 행복 바이러스가 될 수도 있다.

36.
예민하기보다는 둔감하라

현대인들은 어릴 때부터 바늘구멍같이 좁은 대학문과 취업문을 뚫기 위해 치열한 경쟁을 벌이며 하루하루를 숨 가쁘게 살아간다. 그뿐인가! 그러한 경쟁을 뚫고 번듯한 직장에 입사하더라도 세상은 결코 녹록치 않다. 얄미운 동료, 심술궂은 상사, 속 터지게 하는 고객에게 시달려야 한다. 이런 환경에서는 순수하고 민감한 사람일수록 상처받기 쉽다.

이러한 세상에서는 어떠한 질책을 당하거나 실패해도 굴하지 않는 평상심을 유지하는 능력, 즉 둔감력이 있어야 성공할 수 있다고 일본 작가이자 의사인 와타나베 준이치는 저서 『둔감력鈍感力』에서 주장한다. 둔감한 마음, 둔감한 감각, 둔감한 체질을 가진 사람이 일과 사랑에서 성공을 거둔다는 것이다.

잠자리가 바뀌어도 코까지 골며 잘 자는 사람, 나쁜 일은 바로 잊어버리고 윗사람의 질책이나 배우자의 잔소리는 한 귀로 듣고 한 귀로 흘려버리는 사람……. 이런 사람들이 '둔감 재능'의 소유자다. 회사에서도 둔감한 사람이 민감한 사람보다 더 오래 살아남는다. 상사에게 눈물이 쏙 빠지도록 혼이 났을 때 그것을 가슴에 담아두고 괴로워하는 사람은 결국 사표를 던질 수밖에 없지만 둔감력을 가진 사람은 언제 무슨 일이 있었느냐는 듯 가벼운 발걸음으로 출근하므로 상사에게 더 듬직하게 보기 때문이다.

'둔감하다'는 말은 많은 이들이 듣기 싫어하는 말이다. "당신 참 둔하다"라는 말은 살면서 정말 듣고 싶지 않은 말 중 하나일 것이다. '둔하다'는 말은 '두뇌 회전이 느리다'거나 '뭔가 모자라다'는 말과 거의 동의어로 느껴지기 때문이다. "같은 값이면 다홍치마"라고, '둔한 사람'보다야 '예민한, 혹은 샤프한 사람'이라는 소리를 더 듣고 싶어한다. 사람들은 예민하고 민감할수록 우수하다고 믿는다. 그래서 일반적으로 예민함을 선호하는 게 사실이다.

물론 무슨 일을 하든지 센스가 있어 분위기 파악을 잘하고 주어진 상황에 맞는 말이나 행동을 할 수 있다는 건 큰 장점이다. "눈치가 빠르면 절간에서 새우젓 얻어먹는다"는 속담도 있듯이 사람들과의 관계에서 상황 파악을 잘해 손해 볼 일은 없을 것이다.

그런데 정말 그럴까? 예민한 것도 어느 정도일 때의 얘기다. 너무 예

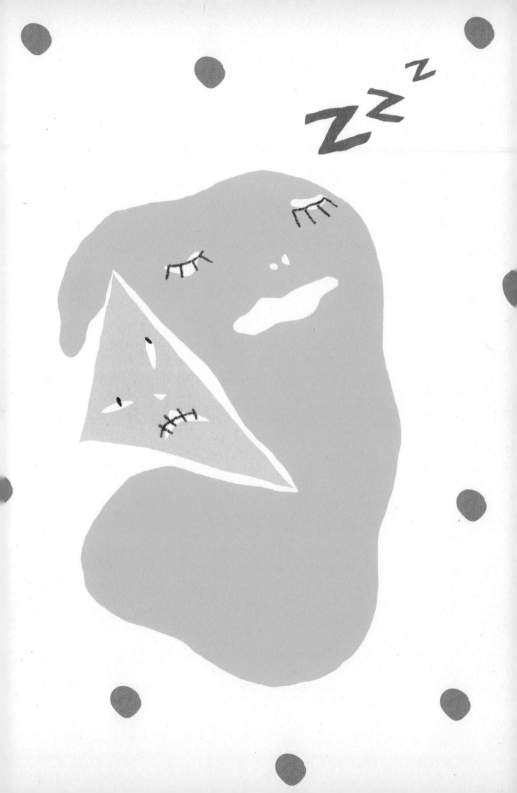

민하면 둔한 것만 못하다. 실생활에서는 둔감함이 더 쓸모가 있다. '감정이나 감각이 무디다'는 뜻의 둔감함은 단점이 아니라 '힘'이기 때문이다. 한 귀로 듣고 한 귀로 흘려버리는 지혜로운 둔감력은 우리에게 편안함을 가져다준다.

대체로 민감한 사람들은 남에게 싫은 소리 듣는 걸 싫어하고 자신의 실수를 과도하게 자책하며 주위의 반응을 지나치게 의식한다. 또 되도록 남에게 피해를 끼치지 않으려 애쓰기 때문에 늘 다양한 스트레스 상황에 노출된다. 2002년에 존스홉킨스 대학에서 발표한 연구 결과에 따르면, 스트레스에는 둔감한 것이 좋다고 한다. 스트레스에 격한 반응을 보이는 사람은 그렇지 않은 사람보다 심장 질환에 걸릴 확률이 세 배 이상 높다고 한다.

그래서일까, 둔감력은 건강에도 도움을 준다. 기분 나쁜 말을 들어도 별 흔들림이 없는 둔감한 사람은 자율신경에도 필요 이상의 부담을 주지 않아 혈관이 늘 확장돼 있어 혈액이 잘 돈다. 장이 둔감하면 조금 상한 음식을 먹어도 탈이 덜 난다. 또 치명적인 암도 마음을 느긋하게 먹으면 몸의 저항력을 키워 치유 확률이 높아진다. 심지어 모기에 물렸을 때도 피부가 예민한 사람은 금방 부어오르고 가려워 긁어대지만, 둔감한 사람은 물렸는지도 모르고 넘어간다. 신체기관과 감각기관이 예민하면 할수록 그만큼 기관은 혹사를 당한다. 둔감한 사람은 예민한 사람보다 신체기관, 감각기관을 소모하는 일이 적으므로 느긋하게 오래 살 수 있다.

어디 그뿐인가. 결혼 생활에서도 변덕이나 잔소리에 무덤덤한 것이 결국에는 긍정적인 결과를 가져온다고 와타나베는 말한다. 둔감력이 부부가 해로하는 비결이라는 것이다. 인간관계에서 완벽을 추구하면 서로 부담이 커져 관계가 깨지기 쉽다. 하지만 상대에게 둔해지면 웬만한 단점이나 잘못은 보아 넘기는 아량이 생긴다. 눈도 좀 둔감해야 할 필요가 있다. 아내와 같이 길을 걷는데 예쁜 여자에게 눈이 가서는 안 되는 것이다. 아름답고 덜 아름답고의 차이는 둔감력을 키우면 별로 느껴지지 않는다.

"스트레스를 주는데 안 받을 재주가 있느냐?"고 반문하는 사람도 있을 것이다. 사실 스트레스를 아예 안 받기는 어렵다. 그러나 최소한으로 줄일 수 있다면 그건 대단한 능력이 될 것이다. 외부의 눈총, 조롱, 질투, 빈정거림에 일일이 반응하기보다는 그냥 무덤덤하게 넘겨버리는 것이 곧 힘이다.

둔감력이 바탕이 된 예민함, 순수함, 소박함, 진지함이야말로 당신을 진정으로 빛나게 할 것이다. 건강하고 행복한 삶을 꽃피우고 싶다면, 당신을 행복으로 인도할 또 다른 능력인 둔감력을 길러보자. 자신의 본질적인 것을 제외하면 세상만사 사소하다. 상사의 질책도, 부하의 잘못도, 아내의 실수도 크게 한바탕 웃고 넘겨버리는 둔감력을 발휘해보자.

37.
공부하라, 학력이 수명을 결정한다

"인생은 60부터"라는 말이 실감날 정도로 현대인의 수명은 길어지고 있다. 한국인의 평균수명은 79.1세로 OECD 평균을 이미 추월했다. 그런데 남자의 평균수명은 76.1세, 여자는 81.9세로 그 차이가 5.8세에 이른다. 1985년(8.37년)에 비해 격차는 줄었지만 아직도 남녀의 평균수명에 상당한 차이가 있다.

일반적으로 어느 민족이나 여자가 남자보다 6~7년 정도 오래 산다. 의학 발달의 혜택을 여자만 누리는 것은 아닐 텐데 왜 그럴까?

통계 전문가 바버라 블래트 캘벤은 여자가 남자보다 오래 사는 것은 여성호르몬인 에스트로겐 덕분이라고 주장한다. 여포(난소 안에 있는 주머니 모양의 세포)와 결합조직 내에 있는 간세포에서 생성되는 에스트로겐은, 활성화 산소(산소를 활성화시키는 산소)를 만들어 동맥경화·심장병·뇌졸중 등을 예방해준다. 그래서 여성은 혈관계 질병의 발생률이 남자의 3분의 1 수준에 불과하다. 이처럼 에스트로겐은 건강을 보호하는 작용을 하는 반면, 공격적·경쟁적 행동을 유발하는 남성호르몬 테스토스테론은 면역체계를 약화시킨다.

그러나 이것만으로 남자의 평균수명이 여자보다 낮은 이유를 설명하기에는 부족해 보인다. 동맥경화와 심장병 등은 주로 나이 든 사람들에게서 발생하는 성인병으로, 이를 예방하면 평균수명은 연장된다. 하지만 전 세계 154개국에서 갓 태어난 남아의 사망률이 여아보다 높고, 태아의 사망률도 남아가 더 높고, 모든 연령대에서 남자의 사망률이 여자를 웃도는 이유를 설명할 수는 없다.

숙면 시간 부족이 남자가 장수하지 못하는 이유라는 연구 결과도 있다. 매일 밤 여자는 평균 70분씩 단잠을 자는 데 비해 남자는 평균 40분씩 단잠을 잔다. 숙면을 취하면 노화가 느리게 진행되기 때문에 깊은 잠을 더 많이 자는 여성이 오래 산다는 설을 뒷받침하는 연구 결과다.

남자가 여자에 비해 훨씬 많이 접하는 과음과 흡연, 과식도 세포를 노화시키는 지름길로 수명에 영향을 미친다. 미국 UCLA 의대 J. E. 에스트롬 교수는 이를 증명하는 연구 결과를 발표했다. 그는 음주와 흡연을 하지 않는 모르몬교 사제 부부 1만여 명을 대상으로 8년간 조사했는데, 남자는 평균수명이 88.5세, 여자는 89.5세로 차이가 거의 없었다.

지방이 쌓이는 부위가 다른 것도 남녀의 평균수명에 차이가 나는 한 가지 이유다. 남자는 주로 배에 지방이 쌓이고, 여자는 엉덩이와 허벅지에 지방이 쌓인다. 남자가 살찌면 배부터 나오고, 깡마른 여자일지라도 엉덩이는 통통한 이유가 여기에 있다. 복부 지방은 평소에 내장 사이사이에 꽁꽁 숨어 있지만 지방분해효소인 리파아제가 활성화돼 내장에 쌓인 지방을 중성지방으로 분해해 지방세포에 저장시키면, 내장 사이의 지방세포가 혈관 속으로 흘러들어 혈중 콜레스테롤 수치를 높여 당뇨·고혈압·동맥경화 등의 심혈관 질환을 일으킨다.

남자는 배 둘레를 엉덩이 둘레로 나눈 수치가 0.95 이상, 여자는 0.8 이상이면 복부 비만으로 판정받는데, 그 비율이 0.1씩 높아질 때마다 사망 위험도는 무려 40퍼센트나 높아진다. 반면 허리띠를 한 칸(2.5센티)만 줄이면 평균수명은 3년 연장된다고 한다. 결국 남자는 신체 구조상 여자와의 장수 경쟁에서 뒤처지게 되어 있다는 얘기다.

그런데 2008년, 성별을 떠나 교육 수준이 높은 사람이 더 오래 산다는 연구 결과가 나와 눈길을 끌었다. 미국 질병통제센터와 암학회가 1993년부터 2001년까지 워싱턴과 43개 주에서 발생한 죽음 35만 건을 분석한 결과, 대졸 이상 교육을 받은 사람들의 사망률은 점점 감소한 반면 고졸 이하 교육을 받은 사람들의 사망률은 별다른 변동이 없거나 증가한 것으로 나타난 것이다.

또 미국 하버드 의대 엘런 미어러 교수 팀이 1990년부터 2000년까지 11년간의 인구조사 통계와 사망진단서 자료 등을 분석한 결과, 교육 수준이 높은 사람일수록 오래 살 가능성이 높으며 그 격차가 점차 커지고 있는 것으로 드러났다.

이를테면 고졸 이하 학력자는 기대수명에 변화가 없는 반면 이보다 교육 수준이 높은 사람은 10년간 기대수명이 1.5년 이상 늘었다. 한편 고학력 백인 남성은 교육을 적게 받은 백인 남성보다 기대수명이 평균 5.8년 길었고, 10년간 격차가 2.1년 늘어났다. 흑인과 여성들의 경우에도 교육 수준이 높을수록 기대수명이 길었다. 국내에서도 30대 중반~40대 중반 저학력 남성의 사망률이 가장 높다는 조사 결과가 나왔는데, 학력에 따라 최고 14배까지 사망률이 차이 났다.

미어러 교수는 많이 배운 사람들이 장수하는 이유를 "질병과 의료 발전에 관한 정보를 더 쉽게 접할 수 있기 때문"이라고 분석한다. "교육을 덜 받은 사람들은 고용이 불안정하고 건강 지식이 부족한 반면, 많이 배운 사람들은 장수하는 비결, 건강하게 사는 방법 등의 건강 관련 정보를 손쉽게 얻을 수 있기 때문에 사망률이 차이가 난다"는 것이다. 실제 질병의 주요 원인인 흡연과 비만은 저학력자 사이에서 더 흔하다.

평균수명은 평균수명일 뿐 개인의 수명을 말해주지는 않는다. 많이 배우고 담배도 술도 하지 않는 사람이라도 하루하루를 일에 쫓기고 근심걱정에 싸여 살아간다면 오래 살기는 힘들 것이다. 항상 즐거운 마음가짐으로 생활하는 것이 '천수天壽'를 누리는 최고의 비결임을 잊지 말자.

38.

용서하라, 몸과 마음이 건강해진다

주위에 보면 가슴에 한을 품고 사는 사람들이 있다. 이런 사람들은 섭섭하고 화나는 일을 당하면 당한 것을 그대로 갚아주기 전에는 분이 풀리지 않는다. 아무리 잊으려 해도 자다가 벌떡 일어날 정도로 분하다. 그리고 잊지 못해 괴로워하는 자신을 또 미워한다.

괴로움은 이처럼 잊을 수 없는 일을 잊으려고 하기 때문에 생긴다. 배우자의 불륜을 알게 됐다면 어떻게 잊을 수 있겠는가? 어린 시절 부모에게 학대를 받았다면, 애지중지 키운 자식이 억울하게 죽었다면, 성폭행을 당했다면 그것을 어떻게 잊겠는가? 상처가 크면 클수록 잊는 것은 불가능하다. 그러나 잊을 수는 없지만 용서할 수는 있어야 한다.

잊을 수 없는 것을 잊으려 하기에 자꾸 실패하고 평생 한 맺힌 삶을 사는 것이다. 잊으려 하지 말고 용서해야 한다. 영어로 용서는 'forgive'다. 말 그대로 '위해서for 주는 것give'이다. 나를 괴롭힌 사람을 위해서 주는 것이 아니다. 오직 나를 위해서 주는 것이다. "멍청한 사람은 용서하지도 잊어버리지도 않는다. 순진한 사람은 용서하고 잊어버린다. 현명한 사람은 용서하되 잊어버리지 않는다." 정신의학자 토머스 사스의 말이다.

용서하지 못하면 솟아오르는 분노를 가슴에 품고 살아갈 수밖에 없다. 가해자를 향한 분노는 복수심을 불타게 한다. 그러나 설령 복수를 한다 해도 고통과 아픔은 사라지지 않는다. 복수는 또 다른 복수를 부른다. 오늘날 아랍과 이스라엘처럼 말이다. 게다가 복수조차 할 수 없는 상황이라면 분노는 더 커진다. 분노하면 할수록 그 폐해는 고스란히 자신에게 돌아오고, 급기야는 상처 때문에 자신의 인생이 망가졌다고 생각하게 된다.

플로리다 병원, 스탠포드 의과대학과 공동으로 분노와 용서가 건강에 미치는 영향을 연구한 미국의 딕 티비츠 박사는 혈압이 높고 지나치게 분노하는 사람들에게는 용서가 효과적인 치료법이 될 수 있다는 것을 입증했다. 8주 동안 용서하는 법을 배워 용서를 실천한 사람들은 분노와 적대감이 줄어들고 혈압이 낮아졌다.

타인에 대한 악감정이 건강에 미치는 영향을 조사한 미국의 메이요 클리닉 연구 팀도, 타인을 용서하지 못하는 옹졸한 마음이 혈압과 심

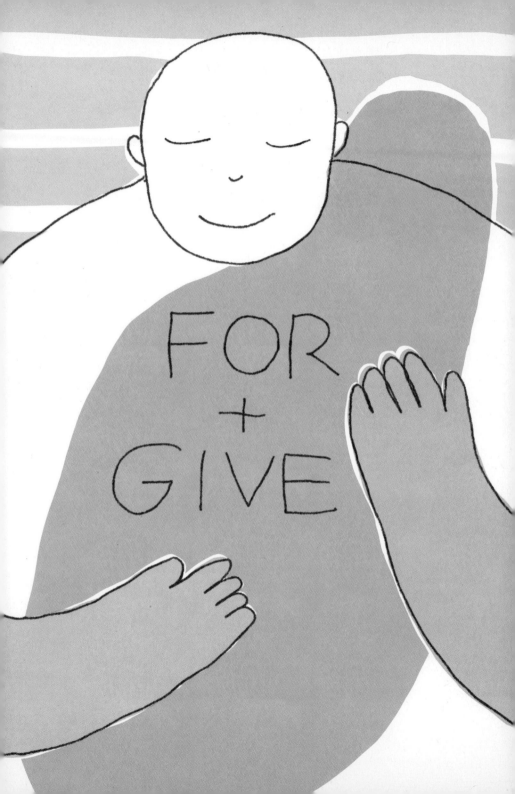

박수를 높이는 등 심혈관계에 영향을 미친다는 사실을 밝혀냈다. 사람은 누구나 다른 사람과 관계를 맺으며 살아간다. 그러다 누군가에게 상처를 받기도 하고 화를 내기도 한다. 연구 결과에 따르면 자주 화를 내는 사람이 화를 덜 내는 사람보다 심장마비에 걸릴 확률이 무려 세 배나 높다고 한다. 두통, 복통, 관절 질환, 만성 요통에 걸릴 위험도 높다고 한다. 분노는 사람을 죽음에 이르게 할 수도 있는 것이다.

보상이든 벌이든 모두 뇌의 작용으로 이루어진다. 감정을 조절하는 안와전두피질과 갈등을 해소하는 전측대상피질, 도덕적 판단을 내리거나 용서하기로 마음먹었을 때 활성화되는 후측대상피질이 반응한다. 이러한 뇌의 작용으로 용서하는 마음을 가지면 마음을 옹졸하게 쓸 때 생기는 신체적 변화가 사라진다. 결국 다른 사람에 대한 화를 누그러뜨리고 마음을 다스리는 것이 건강에 좋다는 얘기다. 용서는 분노에서 원망 그리고 자멸로 이어지는 고리를 끊을 수 있게 돕는다. 용서는 상처를 감추지 않고 치유한다.

남을 용서하지 못하는 것은 괴로운 일을 잊지 못하는 자신에게 벌을 내리는 것이나 다름없다. 그것이 자신을 더 상처받게 한다. 사람은 본래 불완전한 존재다. 그러다 보니 실수로, 사고로, 고의로 나쁜 일은 언제나 일어난다. 여기서 벗어나는 방법은 없던 일로 되돌리는 것이지만 이건 불가능하다. 누군가를 용서하는 일은 결코 쉽지 않은 일이지만 세상을 건강하게 살아가려면 용서해야 한다. 당신에게 상처를 준 사람을 제자리에 돌려놓기 위해서가 아니다. 고통에 단단히 매여 있는 당신을 자유롭게 하려면, 복수하고 싶다는 당신의 갈망을 해소하려면 용서해야 한다.

용서란 무엇일까? 심리학 박사 프레드 러스킨은 "용서란 평온한 감정이다. 그런 감정은 당신이 자신의 상처를 덜 개인적인 것으로 받아들이며, 자신의 감정에 책임을 지고 그 사건에서 피해자가 아닌 승리자가 되었을 때 생겨난다"고 말한다.

따라서 진정한 승리자는 '용서' 하는 사람이다. 아무리 시간이 걸리고 어떠한 아픔이 따르더라도 용서하기 시작한다면, 용서하는 데 성공한다면 당신의 삶이 제자리를 찾을 것이다. 한 걸음 한 걸음 용서로 다가가는 여정에서 당신의 삶이 어떻게 바뀌는지 목격하라. 지금 이 순간 용서를 시작하자. 시간이 많지 않다. 하루라도 더 일찍 행복을 찾아야 한다.

39.
행복한 결혼 생활을 유지하려면
가사를 분담하라

요즘 젊은이들은 부부가 둘 다 직장 생활을 하는 맞벌이를 선호한다. 그렇다면 가사 분담에서는 어떨까? 남편과 아내 모두 머리로는 공평하게 가사 분담을 하는 것이 옳다고 생각한다. 하지만 실태 조사 결과, 생각과 실제는 다른 것으로 확인됐다. 평소 가사를 공평하게 분담하는 맞벌이 부부는 겨우 9퍼센트 정도에 지나지 않는 것으로 나타난 것이다. 왜 이런 현상이 벌어질까?

서울대 생명과학부의 최재천 교수는 "우리 사회의 부부 관계가 갈매기 수준에서 급정거를 하기보다는, 적어도 한동안은 이를테면 티티 원숭이 수준까지 밀려갔다가 서서히 자리를 잡아갈 것으로 예측한다"며 맞벌이 부부의 관계를 조심스럽게 전망한다. 갈매기는 거의 하루 12시간씩 한쪽이 알을 품고 한쪽이 사냥을 하며 역할을 교대한다. 티티원숭이는 암컷과 수컷의 덩치는 비슷하지만 힘이 센 수컷이 양육에 더 많은 시간과 힘을 쏟는다. 우리 시대의 맞벌이 부부가 갈매기처럼 똑같이 가사를 분담하는 수준에서 멈추기보다는, 오히려 남자가 가사와 양육에 더 힘을 쏟는 수준까지 갔다가 다시 갈매기 수준으로 돌아와야 적정한 역할 분담이 이루어질 것이란 이야기다. 하지만 이렇게 되기까진 좀 더 시간이 걸릴 것이다.

혼자서 가사를 전담하다시피 하는 여성들이 반가워할 만한 연구 결과가 있다. 런던 정경대LSE의 웬디 시글 러시턴 교수가 이끄는 연구 팀은 영국 부부 3500쌍을 대상으로 첫아이가 다섯 살이 됐을 때 남편이 가사와 육아, 장보기 등을 얼마나 잘 도와주는지를 조사했다. 그 결과 절반이 넘는 남성은 가사를 전혀 돕지 않거나 한 가지만 도와주고, 4분의 1은 두 가지 일을, 나머지 4분의 1은 서너 가지 일을 도와주는 것으로 나타났다. 이들 부부의 7퍼센트가량은 첫아이가 열 살이 되기 전에 이미 이혼했고, 아이가 열여섯 살이 됐을 때는 이혼율이 20퍼센트로 증가했는데, 남편이 아내의 가사를 많이 도와준 부부일수록 이혼하지 않고 안정된 생활을 유지하는 비율이 높았다. 연구 팀은 행복한 결혼 생활을 하려면 남편이 소매를 걷어붙이고 아내의 가사를 도와야 한다고 말한다. 남편이 몸을 많이 움직여 집안일을 많이 도울수록 이혼율이 낮고 가정을 안정적으로 유지할 수 있다는 것이다.

또 남편이 직장 생활을 하지 않고 집에서 아이들을 돌보며 집안일을 도맡아 하고 아내가 직장을 다니는 경우, 가정의 안정도가 매우 높은 것으로 드러났다. 이는 남편은 일하고 여성은 집에서 아이를 돌보는 게 제일이라는 지금까지의 통념을 깨는 결과이자, 남편이 가사에 힘을 실어주면 이혼 가능성을 낮출 수 있다는 것을 보여주는 결과다.

한편 부부의 사회 활동이나 가사 분담이 수명에 영향을 미친다는 사실도 밝혀졌다. 평소 집안일을 함께하는 부부는 배우자에게 의존하는 정도가 낮은데, 이런 부부들은 남편과 아내 중 한쪽이 먼저 사망하더라도 남은 한쪽이 오래 살 수 있다고 한다.

미국 하버드 대학의 사회학자이자 보건정책학자인 니컬러스 크리스타키스 교수 팀은 65~98세의 미국인 백인 부부와 흑인 부부 41만 272쌍을 대상으로 남편이나 아내 중 한쪽이 먼저 세상을 떠난 뒤 남은 사람이 얼마나 일찍 사망하는지를 조사했다. 흑인 부부들은 대체로 배우자에게만 전적으로 의존하기보다는 가사 분담도 잘하고 각자가 폭넓은 사회적 네트워크를 갖고 있었고, 백인 부부는 가사를 대부분 아내가 맡아 하고 사회 활동보다는 서로에게 의존하는 경향이 높았다.

조사 결과, 서로 역할을 구분하지 않고 가사를 나눠서 하는 흑인 부부 쪽이 더 오래 사는 것으로 나타났다. 백인 부부의 경우 아내와 사별한 남성은 아내가 살아있는 남성에 비해 9년 이내에 사망할 확률이 18퍼센트나 높았고, 남편과 사별한 여성은 16퍼센트 높았다. 그러나 흑인 부부의 수명은 배우자의 사망과 거의 관계가 없는 것으로 나타났다.

이는 어쩌면 당연한 결과라고도 할 수 있다. 밥부터 빨래까지 온갖 집안일을 아내에게만 맡겨오던 남성이 아내와 사별하면 당장 앞길이 캄캄해질 수밖에 없지 않겠는가. 또 전업주부로만 살면서 사회 활동도 전혀 하지 않고 남편에게만 의존해온 아내라면 남편과 사별한 후 앞이 캄캄해지기는 마찬가지일 것이다. 따라서 아내든 남편이든 배우자와 사별한 후 좀 더 오래 살고 싶거든 지금부터라도 서로 일을 공유해야 할 것이다.

캐나다 웨스턴온타리오 대학 로드 부잣 교수 팀이 1986년, 1992년, 1998년, 2005년에 각각 맞벌이 부부의 자료를 분석한 결과에서도, 부부가 가계와 가사를 40~60퍼센트 비율로 분담할 때 행복도와 삶의 만족도가 가장 높은 것으로 나타났다. 또 가사를 고루 분담하는 것이 남녀평등 사회를 만드는 데도 도움이 된다고 부잣 교수는 설명한다.

지금까지는 "남편이 집안일을 많이 도와주시나요?"라고 묻고 "네, 저도 그런 그이가 고마워요"라고 대답하는 것이 일반적이었다면, 이제는 "남편이 집안일을 제대로 하긴 하나요?"라는 물음에 "네, 함께 잘하고 있습니다"라는 식의 답이 나와야 할 때가 되었다고 최재천 교수는 말한다. 가사 노동이 남녀 모두의 책임과 의무라는 생각 없이는 가사 분담을 제대로 할 수 없다는 뜻이다.

그러니 남편들이여, 이제부터 가사 노동과 육아에서 아내를 더욱 배려하고 양보하라. 아내들은 이제부터 남편에게만 의존하지 말고 사회 활동도 열심히 하라. 그러면 당신 부부는 더욱 행복해지고 세상 구경도 더 오래도록 할 수 있을 것이다.

40.

삶이 권태로울 때는 새로운 목표를 세워라

사람이면 누구나 늘 새로움을 느끼고 싶어하는 욕망이 있다. 그래서 끊임없이 새로움을 추구한다. 국가적 차원에서 보면 정권이 바뀔 때마다 과거의 체제와 관행 타파를 명분으로 내세우면서 '개혁'과 '혁신'을 추진한다. 직장에서는 업무 담당자가 바뀌거나 부서장이 바뀌면 과거의 시스템·프로세스·문화 등을 바꾸려고 시도한다. 어쩌면 우리의 뇌가 새로운 자극을 원하기 때문일지도 모른다. 그런데 그 새로움은 오래가지 않는다. 사랑에서도 마찬가지다.

"중매로 만났는데, 4개월 만에 결혼했어요. 처음 만난 날 저녁 늦게까지 돌아다니고 너무 좋은 거예요. 불이 붙었죠. 그날 이후로 매일매일 만났어요. 그런데 결혼하고 나니 코 고는 소리도 싫고 쩝쩝거리

는 소리도 싫고 원래 그랬는데 이상하게 크게 들리는 거예요. 쩝쩝거
리고 후루룩 마시고……."

"상대방에게 익숙해졌다고 느낄 때 권태기가 와요. 상대방의 버릇이
라든지 그런 거에 익숙해지면 말이죠. 저 여자는 이제 완전히 내 여자
가 됐다는 느낌이 들면 다른 곳으로 시선이 돌아가요."

"누구나 계속 똑같은 일을 반복하는 것을 싫어하지 않습니까. 매일
매일 회사에 가는 거 좋아하는 사람 없잖아요. 그런 것처럼 똑같은
여자랑 똑같은 집에서 계속 사는 것이 좀……. 사람들은 항상 변화를
추구하죠. 그래서 새로운 사람을 만나는 것 같아요."

이들의 얘기처럼, 열정적인 사랑을 하다가도 싫증을 느끼는 시기가
찾아온다. 아이들 이야기 아니면 딱히 할 말도 없고, 함께 산책을 할
때도 더는 손을 잡지 않는다. 부부간에 심각한 문제가 있는 것도 아
니고 형편이 나쁜 것도 아니지만 퇴근 후 텔레비전 앞에만 앉아 있는
배우자를 보면 한숨이 나온다. 권태기다.

이런 '권태'는 남녀 사이에만 찾아오는 게 아니다. 공연을 성공리에
마친 뮤지컬 배우, 생사를 건 사투 끝에 에베레스트 등정에 성공한
산악인도 이루 말할 수 없는 만족감과 성취감을 만끽하지만 그것도
잠시뿐, 곧 허탈감과 아쉬움이 밀려와서 외로움을 느낀다고 한다.

열정적으로 사랑했음에도 왜 권태감이 찾아오는 걸까? 성공리에 공

연을 마쳤음에도 왜 허무함이 찾아오는 걸까? 미국 에모리 대학의 그레고리 번스 교수는 『만족』이라는 책에서 한 가지 답을 제시한다. 사람이 목표를 이루고 나서 싫증을 느끼는 건 도파민의 특성 때문이라는 것이다.

번스 교수에 따르면 뇌는 어떤 일의 결과가 아니라 결과로 이어지는 예상에 반응하기 때문에, 결과 그 자체는 즐거움과 만족을 가져다주지 않는다고 한다. 번스 교수는 "사람들은 행동 패턴을 예상할 수 있게 되면 싫증을 느낀다. 그것은 성행위에만 국한된 게 아니라 우리가 하는 모든 행동에 적용되는 자연스러운 생물학적 메커니즘이다. 뇌는 앞으로 벌어질 상황이 예상 가능해지면 새로운 자극원을 찾으라고 지시한다. 따라서 어떤 식으로든 다른 사람을 찾게 만드는 생물학적 성향이 있다"고 설명한다.

번스 교수는 어떤 일을 예상할 수 있을 때와 없을 때, 우리의 뇌가 어떤 차이를 보이는지 실험을 통해 알아냈다. 물과 주스를 규칙적으로 줘서 예측 가능한 상황과, 무작위로 줘서 예측이 불가능한 경우로 나눠 뇌의 반응을 비교한 것이다. 그 결과, 물과 주스를 불규칙하게 줘서 예측이 불가능한 경우에 도파민 분비가 훨씬 더 활성화되었다. 또한 시간대별로 도파민 분비의 활성화 정도를 측정했더니, 결과를 경험했을 때보다 기대했을 때가 더 높게 나타났다.

이 실험에서 알 수 있듯, 도파민은 어떤 상황이 흥미롭다는 것을 알려주거나 느끼게 하는 신호인 셈이다. 그러나 그 신호의 효과는 영원하지 않다. 신호는 우리에게 어떤 메시지를 전달하고자 하는데, 우리는 그 메시지를 알게 되는 순간부터 신호를 필요로 하지 않는다. 우리는 도파민이 다량 분비되는 상황에 익숙해져 있고, 도파민 수치가 떨어질 때 기분이 나빠지고 공허해진다는 것을 알기 때문이다. 사람들이 싫증과 권태를 느끼는 이유가 여기에 있다.

도파민은 쾌락의 물질, 욕망의 물질이다. 그래서 새로운 쾌락과 욕망을 추구하면서 색다른 새로움과 발견에 반응한다. 뇌는 예상할 수 있는 상황보다는 예측할 수 없는 상황에서, 그리고 목표를 이루고 나서보다는 노력하는 과정에서 도파민을 더 많이 쏟아내, 우리가 하나의 목표에 안주하지 않고 또 다른 목표를 향해 나아가도록 조종하는 것이다.

41.

기업의 미래를 생각한다면 여성 CEO를 고용하라

남성의 영역으로만 여겨지던 경영계에서 최근 여성 최고경영자CEO
들이 두각을 나타내고 있다. 산업 분야 곳곳에서 남성들보다 더 뜨거
운 열정, 성공을 향한 집념, 부드러운 카리스마를 발휘해 성과를 내
고 있는 여성 CEO들이 많다. 능력과 인간성, 호감도 면에서도 여성
CEO들은 대체로 남성 CEO들보다 좋은 평가를 받고 있다.

미국 듀크 대학 경영대학원의 애슐리 로제트 교수가 학부생과 대학
원생 322명에게 허구로 지어낸 남성과 여성 CEO들에 관한 신문 인
터뷰 내용을 바탕으로 각각의 능력과 인간관계를 평가하도록 했는
데, 학생들은 여성 CEO들에게 훨씬 더 후한 점수를 주었다. 로제트
교수는 "여성 CEO가 그 자리에 오르기 위해 남성 CEO들보다 훨씬
더 많은 노력을 기울였을 것이라고 생각하기 때문에 이런 결과가 나

온 것"이라고 설명했다.

여성 CEO들이 갑자기 두각을 나타낸 이유는 무엇일까? 물론 여성들이 각고의 노력을 기울인 것도 한 가지 이유일 것이다. 하지만 과학은 여성들이 가진 특별한 능력을 기업들이 잘 활용하기 시작하면서 여성들이 경영 전면에 등장하게 된 것이라고 설명한다. 2001년 하버드 의대의 질 골드스타인 교수 팀이 MRI를 이용해 건강한 남녀의 뇌 부위 45개의 크기를 비교한 결과, 의사 결정과 문제 해결력을 담당하는 대뇌의 전두엽 부위가 여자가 남자보다 더 큰 것으로 나타났다. 또한 감정을 조절하는 변연피질과 단기 기억과 공간 기억을 담당하는 해마 또한 여자가 더 컸다. 결론적으로 말하면 여자는 정서와 기억을 형성하고 유지하는 뇌 부위가 남자보다 더 크고, 이는 여자가 남자보다 감정을 잘 표현하며 미세한 정서적 경험을 잘 기억할 수 있음을 의미한다.

또 같은 일을 수행할 때 남자들의 뇌는 제한된 부분만 활성화된 반면, 여자들의 뇌는 상대적으로 광범위한 부분이 활성화되었다. 따라서 여자와 남자는 일하는 방식에서도 차이를 보일 수 있다.

미국 사우스캐롤라이나 대학 마크 조지 보일 박사에 따르면, 두뇌 활동을 할 때 남자의 뇌는 특정 부위에서만 신경세포가 활동하지만 여자의 뇌는 여러 부위에서 동시에 신경세포가 움직인다고 한다. 그래서 여자는 어떤 문제를 해결해야 할 때 남자보다 더 유연하고 지각

속도가 빨라, 동시에 많은 일을 처리하는 능력이 더 뛰어나다. 남자는 대신 집중력이 뛰어나다.

1997년 코펜하겐 시립병원 신경학과에서 실시한 연구 결과에 따르면, 뇌세포는 남자가 여자보다 더 많지만, 지능은 여자가 남자보다 3퍼센트 정도 더 높았다고 한다. 또 뇌 스캐닝 결과, 휴식 상태에서 남자의 뇌는 활성이 70퍼센트 정도로 떨어지지만, 여자의 뇌는 휴식 중에도 90퍼센트의 활성을 보이는 것으로 나타났다. 여자는 언제나 주변 환경으로부터 끊임없이 정보를 받아 분석한다는 얘기다.

흔히 여자의 두뇌는 감성적인 정보를 잘 처리하고, 남자는 이성과 판단력이 앞선다고들 얘기한다. 일부는 이를 바탕으로 과학기술 연구에는 남성이 더 적합하다고까지 주장한다. 정말 그럴까? 뇌과학자들은 "여자는 언어 처리 능력이, 남자는 공간 지각력이 뛰어난 것으로 인정받고 있지만 남자의 두뇌가 과학에 더 적합하다는 명백한 증거는 없다"고 말한다. 오히려 여자의 두뇌 구조가 종합적 판단을 잘할 수 있도록 돼 있다는 연구 결과도 있다. 캐나다 맥매스터 대학의 샌드라 위텔슨 교수에 따르면, 여자는 뇌 앞부분의 신경세포 밀도가 남자보다 평균 15퍼센트나 높다고 한다. 전두엽이라 불리는 이 부분은 판단하고 계획하는 능력 등을 맡는다. 여자가 어려서부터 판단력을 키우는 교육을 받으면, 남자보다 신경세포 간 연결망이 더 많이 생겨 결국 뛰어난 과학적 능력을 갖출 수 있다는 얘기다.

케임브리지 대학 심리학과의 사이먼 배런코언 교수는 오랜 진화 과정을 거치며 여자의 뇌세포는 '공감하기'에 더 적합하도록 프로그래밍되고, 남자의 뇌세포는 '체계화하기'에 더 적합하도록 프로그래밍되었기 때문에, 남자와 여자는 행동과 사고방식에서 차이를 보일 수밖에 없다고 말한다. 공감하기란 다른 사람의 감정과 생각을 이해하고 적절한 정서로 반응하려는 동기다. 즉 상대의 마음을 읽는 데 그치지 않고, 그 사람의 처지에서 이해하고 정서적으로 연결되는 것을 뜻한다. 그래서 여자는 관계를 중시하고 대화로 문제를 해결하려고 한다면, 남자는 경쟁을 즐기고 공격적이라 툭하면 주먹이 먼저 나간다. 이런 차이는 회사 경영 방식에서도 나타난다. 여자 관리자는 협의하고 포용하고자 노력하는 반면 남자 관리자는 지시적이고 과제 중심적인 경향을 보인다.

여성 인력이 활발히 일하는 기업일수록 좋은 성과를 낸다는 통계도 있다. 세계적인 컨설팅 회사 매킨지가 1996~2000년 미국 100대 기업의 주주 총수익률을 분석한 결과, 여성 관리직 비율이 높은 상위 10퍼센트 기업의 총수익률이 평균보다 10배 이상 높은 것으로 나타났다. 반면에 하위 10퍼센트 기업의 총수익률은 평균의 40퍼센트에 불과했다. 매킨지는 이러한 조사 결과를 바탕으로 국가가 경제활동을 하는 여성 인구를 늘리지 않으면 국민소득 3만 달러의 선진국이 될 수 없다는 내용의 보고서를 작성하기도 했다.

유전자는 적절한 환경이 갖춰졌을 때 기능을 발휘한다. 마찬가지로 사회적 환경이 여성의 특별한 재능을 드러나게 할 수도 있고 사장시킬 수도 있다. 그러나 이건희 삼성그룹 회장도 "21세기는 여성의 감성과 꼼꼼함이 강점으로 작용하는 창의와 감성의 시대다. 우수한 여성 인력을 확보하고 양성하는 일은 배려 차원이 아니라 기업의 생존 차원에서 필요하다"고 말했듯이, 현대 사회는 여성의 장점이 점차 부각되는 방향으로 나아가고 있다.

그러니 선천적으로 좋은 두뇌 구조를 타고난 여성들이여, 이제 기죽지 말고 당당하게 CEO에 도전하라!

42.
여성들이여 남성을 토닥여줘라,
없는 배짱도 생긴다

여자들은 살면서 별것 아닌 말 한마디에 울고 웃는다. 여자들은 집 안일로 하루 종일 부지런을 떨었는데도 저녁이면 일한 보람도 없이 다시 원위치가 되어버려 맥이 빠진다. 그렇게 지쳐서 "어깨 아프고 허리도 아프다"고 무심결에 한마디를 던진다. 이럴 때 남편이 "수고 했어"라는 한마디만 해주면 아픔도 힘겨움도 눈 녹듯이 사라질 텐데, "하루 종일 집에서 뭐했다고 아파"라고 무뚝뚝하게 내뱉으면 서 운함에 잠을 설친다.

그런데 사실 남편들도 "당신이 최고야"라는 아내의 말 한마디에 괜히 웃음 짓기도 하고 힘이 생기기도 한다. 어디 그뿐인가. 과중한 업무에 시달리고 이리저리 치여 스트레스를 받아도 아내가 어깨를 토닥여주면서 "당신이 건강하기만 하면 돼"라고 곁들여주면 이 한마디에 남자들은 힘과 용기를 얻는다.

미국 컬럼비아 대학 조너선 리바브 교수 팀이 미국의 심리학 전문지 〈심리과학Psychological Science〉에 발표한 연구 결과에 따르면, 큰일을 앞둔 남자의 어깨를 여자가 토닥여만 줘도 남자가 대담해진다고 한다. 이를테면 큰돈을 투자하기 전, 또는 아주 중요한 게임을 하기 전에 여성이 가볍게 어깨를 두드려주거나 등을 쓰다듬어주면 위험을 감수하고 큰돈을 투자할 배짱이 생기고 그만큼 대담해진다는 것이다.

교수 팀은 실험에 참가한 남성 67명을 두 그룹으로 나누어 큰돈을 거는 게임을 하게 했다. 한 그룹의 남성들에게는 게임 전 여자가 어깨를 토닥이거나 악수를 건네거나 또 신체 접촉 없이 말로 격려하도록 했고, 다른 그룹의 남성들에게는 똑같은 행동을 남성이 하게 했다. 이후 게임이 끝난 뒤 '어떤 방법이 얼마나 안도감을 주었는지' 참가자들에게 물었다. 그 결과 가볍게 어깨를 토닥여줄 때 가장 안정감을 느낀 것으로 나타났는데, 특히 그 행동을 여성이 했을 때 효과가 가장 컸다.

또 105명을 상대로 연 수익률 4퍼센트인 채권과 수익성이 전혀 없는 위험한 채권 중 하나에 투자할 것을 요구한 실험에서도 여성이 어깨를 토닥여준 남성들이 위험한 채권을 더 많이 선택했다. 가벼운 신체 접촉은 사람들에게 자신이 영향을 받았다는 사실을 느끼지 못하게 하면서 행동에 영향을 미치는 효과적 방법이라고 할 수 있다.

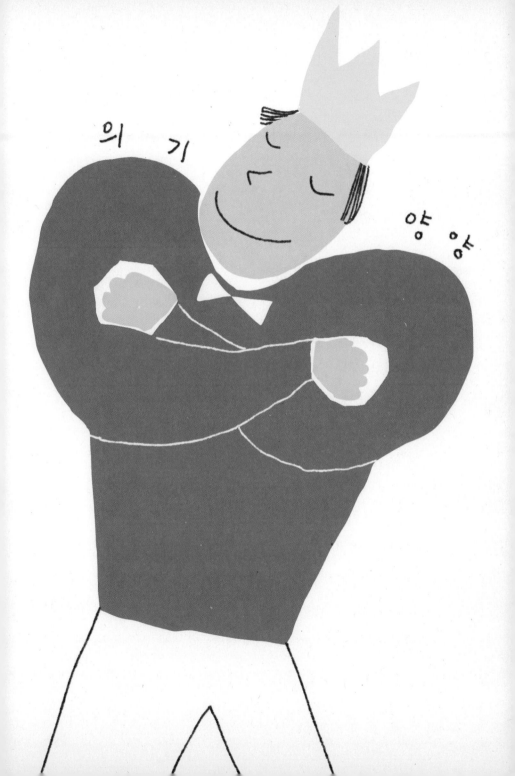

여성의 토닥거림에 남성들이 대담해지는 원인을, 리바브 교수는 "여성이 어깨를 토닥이면 어릴 적 엄마가 쓰다듬어줄 때 느낀 평안함을 느껴 게임할 때 자신감이 생기는 것"이라고 분석했다. 어릴 적 엄마와 신체 접촉을 통해 편안함과 애착을 느끼면 자신감이 생기는데, 커서도 여자가 남자를 쓰다듬어주면 비슷한 이유로 자신감이 생기고 게임이나 시험에서 좋은 성적을 거두게 된다는 것이다.

일본의 심리상담사 야마구치 하지메는 『아이의 뇌는 피부에 있다』는 책에서, 어머니의 스킨십은 자신감과 신뢰감, 아버지의 스킨십은 사회성을 길러준다고 주장한다. 또 유아기는 물론 유년기와 청소년기에도 부모와 스킨십을 자주 해야 정서적으로 안정감을 느낀다고 한다. 이는 어른이 되어서도 마찬가지다. 누군가가 손을 꼭 잡아주거나 어깨동무를 해주면 없던 기운도 솟고 자신감도 생겨난다. 기업 최고 경영자들이 직원들과 함께 등산이나 영화 관람 혹은 식사를 하면서 소통을 꾀하는 스킨십 경영이 좋은 실적으로 이어지는 데는 다 그럴 만한 이유가 있는 것이다.

스킨십을 하기 힘들 때는 말 한마디라도 따뜻하게 해주도록 하자. 따뜻한 말 한마디가 큰 힘이 된다는 건 누구나 경험을 통해 잘 알고 있는 상식이다. 여자는 말을 할 때 은유법을 쓰거나 돌려서 말하기를 좋아한다. 이러한 화법이 대결이나 불화를 일으키지 않고 원만한 인간관계를 구축하는 데 도움이 되기 때문이다. 그러나 남자는 직설적으로 말하지 않고 빙빙 돌려 말하는 여자들의 화법 때문에 자주 골탕을 먹는다. 남자들은 직설적으로 얘기하지 않으면 잘 알아듣지 못하기 때문이다. 남자들은 짧고 의사를 직접적으로 드러내는 문장을 선호한다. '결코' '절대' '확실히'와 같은 단정적인 단어를 즐겨 사용하며, 권위적인 지시어를 좋아한다. 그래서 여자들이 상처를 받을 때도 많다.

그래서인지 남자는 일대일 대면 상태에서 거짓말하는 데 매우 서투르다. 몸짓 언어 연구에 따르면, 얼굴을 마주 보며 하는 의사소통에서 언어 신호가 차지하는 비율은 7~10퍼센트에 불과하며, 음성이 20~30퍼센트, 몸짓이나 표정 등의 비언어 신호가 60~80퍼센트를 차지한다고 한다. 그런데 거짓말을 할 때 음성과 비언어 신호를 진실을 말하는 것처럼 연기하는 능력이 남자들은 상당히 떨어진다. 그래서 남자가 거짓말을 할 때 여자들이 쉽게 눈치채는 것이다. 자신의 감정을 숨기고 말을 할 때도 여자에게 진짜 감정을 발각당하고 만다.

그렇다면 남자와 여자 중 누가 거짓말을 더 많이 할까? 많은 여자들이 "남자들은 거짓말을 밥 먹듯이 한다"고 투덜대지만, 과학적 연구 결과에 따르면 남자나 여자나 거짓말하는 빈도는 비슷하다고 한다. 차이가 있다면 남자들은 주로 여자 앞에서 자신을 돋보이게 하고자 허풍 섞인 거짓말을 남발하는 편이고, 여자들은 주로 다른 사람의 기분을 좋게 해주려고 거짓말을 하는 편이라고 한다.

남자와 여자가 거의 비슷한 빈도로 거짓말을 한다 할지라도 남자들의 '흰소리'보다는 여자들이 남편을 위해 하는 "당신이 최고"라는 '새빨간 거짓말'이 훨씬 나은 것 아닐까?

43.
행복한 사람 옆에서 살아라

행복이란 무엇일까? 행복을 연구하는 과학자와 심리학자들은 행복을 '일상에 만족하는지'와 '얼마나 자주 만족스러운 기분을 느끼는지'를 통해 파악한다. 그러니까 딱 '이것이 행복한 상태다'라고 말할 수는 없지만, 살면서 만족스러운 기분을 자주 느낀다면 행복하다고 말할 수 있을 것이다.

사람들이 행복을 느끼는 계기는 아주 다양하다. 맛있는 음식을 먹거나 잠을 푹 잘 때처럼 기본적인 욕구를 충족할 때는 물론, 음악이나 미술을 감상하며 만족을 얻을 때도 행복을 느낀다. 다른 사람과 만나서 이야기를 나누는 등 사회적 관계에서 행복을 얻을 수도 있다. 또 주변 사람의 행복에 덩달아 행복을 느끼기도 한다. 옆 사람의 행복이 곧 나의 행복이 되는 것이다.

따라서 행복해지려면 행복한 사람 옆에 있어야 하고, 행복한 동네에 가깝게 살아야 한다. 실제로 행복하고 긍정적인 사람 옆에 있으면 마음이 안정되고 괜스레 행복한 느낌이 든다.

미국 캘리포니아 대학의 제임스 파울러 교수는 "어떤 친구를 두느냐가 인생을 좌우하는 것처럼, 어느 동네에서 살면서 누구와 가깝게 지내느냐에 따라 행복도가 달라진다"고 말한다. '행복 바이러스' 연구자인 파울러 교수는 지난 10년간 병원 환자 5124명의 친구 관계를 분석했는데, 행복한 사람과 친할수록 그리고 가까이 살수록 더 행복해진다는 사실이 드러났고, 또 전혀 만난 적이 없는 '친구의 친구의 친구'가 행복해도 환자의 행복 지수가 올라가는 것으로 나타났다.

친구의 친구는 10퍼센트, 친구의 친구의 친구는 5.6퍼센트 정도 행복해질 확률이 커진다. 한 사람이 행복해지면 이웃이 행복해질 확률은 34퍼센트 증가하고, 반경 1500미터 안에 사는 친구가 행복해질 확률은 25퍼센트 커진다고 한다. 한 사람이 느끼는 기쁨, 슬픔 등의 감정이 다른 사람에게 옮아가는 것을 '감성적 전이'라고 하는데, 행복도 이와 비슷하게 전이되는 것이다.

파울러 교수는 "750만 원의 돈이 생겼을 때 드는 행복감은 '친구의 친구의 친구'가 행복했을 때 내가 느끼는 행복감의 3분의 1밖에 되지 않는다"고 밝히면서 "사람들 사이에서 느끼는 행복은 돈 주고도 살 수 없다"는 말은 사실이라고 덧붙였다.

미국 하버드 의대 니콜라스 크리스타키스 박사 팀 또한 행복한 사람을 많이 알수록 자신도 행복해진다는 연구 자료를 내놓았다. 연구팀은 1948년 심장 임상실험에 참가한 4700명의 소아를 역으로 추적 조사해 행복도를 측정해보았다. 그 결과 친구, 배우자, 이웃, 그리고 친척과 좋은 관계를 유지하는 사람이 더 행복하다는 사실을 알아냈다. 특히 많은 사람들과 사회적으로 좋은 관계를 유지하는 경우 행복해질 확률은 15퍼센트 증가했다. 또한 행복한 친구 또는 배우자, 자매와의 친분은 자신이 행복할 확률을 10퍼센트 높였다.

반면 불행한 친구로 인해 불행해질 확률은 7퍼센트로, 행복이 불행보다 더 전염성이 강한 것으로 드러났다. 이는 옆 사람의 행복이 곧 나의 행복이라는 것을 보여주는 연구 결과다. 사람들이 밝고 행복한 사람 옆에 있고 싶어하고 투덜대는 사람, 우는 소리 하는 사람, 앓는 소리 하는 사람 옆에는 있고 싶어하지 않는 이유가 있었던 것이다.

영국 워릭 대학 앤드루 오즈월드 교수는 2002년에 결혼 등 일상생활이 가져다주는 행복을 돈으로 환산할 경우 얼마나 될지를 계산하고자 1만 6000명의 노동자를 대상으로 연구를 했다. 그리고 결혼이 주는 행복감을 돈으로 대신하려면 1년에 1억 원 정도가 필요하다는 결론을 내렸다. 이 돈은 당시 영국의 1인당 국민소득보다도 큰 액수다. 결혼한 부부가 서로에게 주는 행복이 얼마나 큰지를 알 수 있다.

재테크 전문가들은 "부자가 되려면 부자 동네에서 사는 게 유리하다"고 말한다. 처음에 자리 잡은 동네에서 평생 사는 경우가 많기 때문이다. 사람들은 일상적인 만남과 대화를 할 때 투자나 인생에서 중요한 '정보'를 자연스럽게 교환한다. 따라서 부자 동네에서 살면 '돈이 되는' 정보를 쉽게 얻을 수 있다. 부자들은 부자가 된 경험담을 자랑스럽게 얘기하길 좋아하고, 그들이 알고 있는 정보를 가르쳐주는 것을 그다지 꺼리지 않는다. 맹자 어머니가 맹자의 교육을 위해 세 번이나 이사 다닌 것도 같은 이치다.

이와 비슷한 원리로, 잘 웃으려면 잘 웃는 사람 옆에 있으면 된다. 잘 웃는 사람과 함께 있으면 저절로 웃게 되고, 웃으면서 기분 좋은 상태로 빠져든다. 사람들이 어린아이와 함께 있을 때 잘 웃는 이유도 이 때문이다. 어린아이는 하루에 300~600번씩 이유도 없이 잘 웃는다. 이렇게 웃는 아이와 같이 있으면 마음의 편안함과 행복을 느끼게 된다. 당연히 저절로 웃음 짓게 된다.

행복에 겨워 웃음이 떠나지 않는 사람은 다른 사람은 물론 자신에게도 행복을 가져다준다. 즐거운 마음으로 부르는 노래나 웃음은 다른 사람에게 퍼져서 주변 사람들도 덩달아 행복감을 느끼게 한다.

그렇다면 웃음소리는 얼마나 멀리까지 퍼질까? 어린아이가 '하하하하' 크게 웃는 소리는 100미터까지 퍼져 나간다. 그러니 100미터 안에 있는 사람들은 아이의 웃음소리로 행복해질 수 있다. 만일 지구의 미래를 짊어질 온 세상 어린이들이 밝고 환하게 '하하하하' 웃는다면, 미래의 희망을 담은 그 힘찬 기쁨의 소리가 「앞으로」라는 동요의 가사처럼 달나라까지는 못 미치더라도 대기권까지는 도달하지 않을까?

44.

웃으면 진짜 복이 온다

소문만복래笑門萬福來. '웃으면 복이 온다'는 뜻이다. 그 때문인지 우리
는 행복을 재는 기준의 하나로 '웃음'을 꼽는다. 웃음을 연구한 학자
들에 따르면 인간은 일생 동안 50만 번 이상 웃는다고 한다. 성인은
하루 평균 8번 웃고, 어린이는 평균 400번쯤 웃는다. 성인이 되면서
웃는 횟수가 급격히 줄어드는 것이다. 웃음은 전염성이 강하다. 남이
웃으면 따라 웃고, 다른 사람의 웃음에 내 마음이 덩달아 즐거워지
니, 웃음은 아름다운 얼굴을 만드는 최고의 화장품이라 할 수 있다.
인간을 다른 생물과 구분해주는 특징 중 하나가 웃음이다. 인간은
지구상에서 유일하게 무리 지어 웃어대는 동물이다. 하지만 웃을 줄
아는 유일한 동물은 아니다. 과학자들은 뇌를 정밀히 조사하여 침팬
지와 쥐도 웃는다는 사실을 밝혀냈다. 침팬지는 끼리끼리 놀면서 살

갖을 문지르거나 접촉할 때 만족감을 느끼면 웃는다고 한다. 침팬지의 웃음소리가 인간과 달라 우리가 모를 뿐이다.

쥐도 웃는다. 쥐는 간지럽거나 특정한 촉감을 느낄 때 웃음소리를 낸다. 하지만 쥐의 웃음소리는 인간의 귀에 들리지 않는다. 과학자들은 특수 기계를 이용해 쥐들이 간지러울 때 손가락을 장난스럽게 물며 내는 초음파 소리를 감지해냈다. 실험쥐들은 간지럼을 태우면 계속 초음파 소리를 낸다. 또 개도 웃는다. 개는 서로 꽁무니를 쫓으며 놀 때 사람이 웃는 것과 비슷한 방식으로 숨을 헉헉거리며 웃는다. '개가 웃을 일'이라는 말을 이제는 좀 다른 의미로 써야 할 것 같다.

사람의 웃음은 동물의 웃음보다 좀 더 사회적이다. 사람은 혼자 있을 때보다 다른 사람들과 함께 있을 때 30배쯤 더 웃는다. 웃기는 말과 웃기는 상황에도 웃지만, 그보다는 다른 사람과 대화를 나누고 서로를 연결하는 감정적 배경을 만들고자 웃는다. '웃음'이란 다른 사람과 함께 있을 때 생기는 '사회적 표정 변화'로 언어와 비슷한 의미가 있다.

웃음은 뇌 활동에 의한 것이다. 인간의 뇌에는 웃을 수 있게 하는 회로가 있다. 웃음은 15개의 안면 근육을 동시에 수축시키고 몸속에 있는 650개의 근육 가운데 203개를 움직이는 최고의 뇌 운동이다. 뇌는 우스운 소리만 들어도 웃을 준비를 한다고 한다. 웃음을 실행하는 역할은 뇌의 '웃음보'가 맡는다.

1988년 3월 미국 캘리포니아 대학의 이차크 프리트 박사는 고단위 단백질과 도파민으로 이루어진 4제곱센티미터 크기의 웃음보를 발견했다. 이것은 변연계와 전두엽 사이에 있는 뇌에서 웃음을 유발하며 좋은 호르몬 21가지가 방출되는 효과를 낸다. 웃음보를 자극하자 실험 대상자는 우습지 않은 상황에서도 웃음을 터트렸고, 또 웃음보가 뺨의 근육을 움직이며 즐거운 생각을 촉발해 웃음 동기를 부여했다.

변연계도 웃음에서 빼놓을 수 없는 부위다. 변연계에 속한 시상하부의 가운데 부분은 크게 터져 나오는 웃음을 만드는 데 중요한 역할을 한다. 이 밖에도 뇌의 여러 영역이 함께 작용하여 웃음을 만든다.

영국의 철학자 버트런드 러셀은 "웃음은 만병통치약"이라고 했다. 웃으면 면역기능이 높아지고, 심박수가 두 배로 늘어나며, 폐 속에 남아 있던 나쁜 공기가 신선한 공기로 빨리 바뀐다. 또한 웃을 때는 암세포와 세균에 맞서 싸우는 NK세포, 감마인터페론, T세포, B세포 등이 증가한다.

스트레스는 면역체계를 무너뜨리지만, 편하고 밝은 마음은 면역체계를 강화한다. 웃음은 내장 활동도 활성화한다. 뱃속에서부터 뻗쳐 오르는 웃음을 터트리면 자연스레 복식호흡이 되어 횡격막의 상하 운동이 늘어나 폐의 구석구석까지 산소와 혈액이 공급되고, 얼굴과 다리 등의 근육이 하나도 빠짐없이 운동을 하게 된다. 배꼽 빠지게 웃는 웃음은 질병을 고치는 치료 수단이 될 수 있는 것이다.

건강한 뇌와 몸을 가진 사람은 그만큼 많이 웃고 적절한 때 웃는다. 뇌과학의 관점에서 보면 여성들이 유머 감각이 있는 남성을 선호하는 것은 우수한 배우자를 선택하려는 본능적인 판단인지도 모른다. 미국 루이빌 대학 심리학과의 클리포드 컨 교수에 따르면 일부러 웃는 웃음도 자연스러운 웃음과 똑같은 효과를 낸다고 한다.

힘차게 웃으며 하루를 시작하라. 활기찬 하루를 보낼 수 있을 것이다. 돈을 벌려면 웃어라. 5분 웃을 때마다 500만 원 상당의 엔도르핀이 몸에서 생산된다. 10분 동안 배꼽을 잡고 깔깔 웃으면 3분 동안 힘차게 노를 젓는 것과 같은 운동 효과가 있다. 아무쪼록 웃고 살 일이다.

45.

TV를 꺼라, 불행한 사람들이 더 많이 본다

오늘날 청소년들에게 텔레비전은 '제3의 부모'라고 불릴 정도로 가깝고 친숙한 존재다. 체험할 수 있는 문화가 다양하지 못했던 기성세대와 달리, 청소년들은 텔레비전이라는 전파 매체가 전달하는 다양한 간접경험을 통해 사고방식, 가치관, 생활양식 등을 키워나간다. 하지만 텔레비전이 미치는 부정적 영향 또한 말할 수 없을 정도로 크다.

통계청 조사에 따르면 우리나라의 10세 이상 국민들은 평일에는 텔레비전을 2시간 6분가량 시청하고, 토요일과 일요일에는 3시간 가까이 시청한다고 한다. 텔레비전 시청 시간이 이처럼 긴 데는 실직자들이나 은퇴자들의 기여가 크다. 은퇴자들에게 취미를 물어보면 대부분 등산이라 답하고, 등산 후에는 텔레비전을 보면서 시간을 보낸다고 답한다.

미국 메릴랜드 대학 사회학과 존 로빈슨 교수 팀의 연구 결과, 스스로 불행하다고 느끼는 사람들은 텔레비전을 많이 보는 반면 행복하다고 생각하는 사람들은 적게 시청하는 것으로 드러났다. 물론 자신이 행복하다고 답한 사람들도 텔레비전 시청을 즐기지 않는 것은 아니지만, 행복하지 않다고 답변한 사람들보다 그 시간이나 횟수가 훨씬 적었다.

그동안 사회학자들은 주로 행복하다고 생각하는 사람들의 나이나 성별 등 인구학적 특성에 초점을 맞춰 연구를 해왔다. 하지만 로빈슨 교수 팀은 사람들의 일상 활동에 주목했다. 그들은 여론조사 기관인 '일반사회여론조사'가 1975년부터 2006년까지 장기간에 걸쳐 3만 명의 미국인을 대상으로 실시한 자료를 분석했다.

그 결과 불행한 사람들은 행복한 사람들보다 텔레비전 시청 시간이 30퍼센트가량 더 많았다. 행복한 사람들은 1주일에 평균 19시간 텔레비전을 시청한 반면 불행한 사람들은 1주일에 평균 25시간을 시청했다. 특히 가장 불행한 처지에 놓인 사람들조차도 자연스럽게 텔레비전 시청을 즐겼다. 불행한 사람들은 할 일이 없을 때 텔레비전 시청 등을 통해 '시간 죽이기'를 하는 것이다. 이 같은 결과는 교육이나 소득 수준·나이·혼인 여부 등과는 별다른 연관성이 없었다.

한편 행복한 사람들은 사회 활동과 신앙생활에 적극적이고, 선거 참

여율과 신문 구독률이 불행한 사람들보다 높았다. 남과 교제하거나 신문을 읽는 데 많은 시간을 쓰면서 행복감을 느끼는 것이다. 이들은 보통 8~10가지의 여가 활동을 즐겼는데, 활동을 많이 할수록 행복지수가 더 높았다. 집 안에서 멍청히 텔레비전을 시청한 사람보다 가족들과 함께 숲을 산책하고 온 사람이 더 즐거워하고, 초보자 코스에서 막무가내로 스키를 타는 사람보다 상급자 코스에서 절묘하게 스키를 타는 사람이 더 행복해했다.

결국 여가생활 만족도가 높은 사람들은 텔레비전을 보는 데 많은 시간을 할애하지 않았을 뿐만 아니라 텔레비전 시청을 통해 행복감을 느끼지도 못했다.

로빈슨 교수는 그러나 불행한 사람들이 텔레비전에 이끌려 더 많이 보게 되는지, 아니면 텔레비전을 많이 보는 것이 사람들을 불행하게 만드는 것인지는 알 수 없다고 밝혔다. 다시 말해 불행한 사람들의 우울감이 텔레비전을 더욱 많이 시청하는 이유가 됐는지, 아니면 텔레비전을 많이 시청하면서 우울해졌는지를 아직 명확히 알지 못한다는 얘기다. 그러나 로빈슨 교수는 "통계는 텔레비전을 보는 데 가장 많은 시간을 보낸 사람이 가장 불행하다는 사실을 보여준다"고 말한다.

로빈슨 교수 이전의 과학자들의 연구에서는 텔레비전을 시청하면서 사람들이 행복을 느끼는 것으로 나타났다. 물론 로빈슨 교수 팀의 연구에서도 0(혐오)~10(매우 행복) 등의 척도로 행복도를 조사한 결과

텔레비전을 시청하는 동안에는 행복도가 8로 높게 나타났다. 하지만 로빈슨 교수는 이러한 행복감이 오랫동안 지속되지는 않을 것이라는 잠정 결론을 내렸다. 텔레비전 시청은 시청자들이 권태감을 해소하는 수단이고 또 일시적으로 즐거움을 가져다주지만, 장시간 시청할 경우 우울하게 만들 수도 있다는 게 로빈슨 교수의 결론이다.

텔레비전 시청이 불행의 원인이라고 말할 수는 없을 것이다. 그렇더라도 텔레비전 때문에 다른 행복한 활동을 할 시간을 뺏기는 건 사실이다. 학자들은 오랫동안 텔레비전을 시청하는 사람들은 운동, 섹스, 사교 등 건전하고 중요한 여러 활동들을 지나쳐버릴 가능성이 높다고 지적한다. 이를 거꾸로 해석하는 학자들도 있다. 이미 불행하다고 느끼는 사람들이 텔레비전 시청을 하나의 도피처로 삼아 몰두한다는 것이다.

텔레비전이 생겨나면서 우리는 저녁이 되면 마당에 나가 멍석 깔고 어머니 무릎에 누워 옛이야기를 듣는 기쁨을 잃어버렸고, 별을 바라보는 여유도 잃어버렸다. 가족의 따뜻한 마음을 텔레비전에 빼앗긴 것이다.

가끔은 텔레비전과 컴퓨터를 끄고 가족들과 함께 서로 얼굴을 바라보며 대화를 나눠보자. 따뜻한 가족 사랑이 마음속 가득 차오를 것이다.

46.

기부하라, 행복 지수가 쑥쑥 올라간다

돈을 모으기만 하지 다른 사람에게 베푸는 것은 모르는 사람을 욕심쟁이, 구두쇠라고 부른다. 반면 다른 사람에게 자신의 돈을 기꺼이 베푸는 사람을 자선사업가, 기부자라고 한다. 화학물질 중에서 나트륨Na은 원자 세계의 전자 기부자다. 전자가 필요한 상대방이 있으면 자신의 전자 하나를 선뜻 내준다. 하지만 나트륨이 전자 하나를 잃고 더 안정적인 나트륨이온Na$^+$이 되는 것은 아니다.

모든 원자는 전자를 잃어버리는 것을 싫어한다. 나트륨은 전자를 버리고 나트륨이온이 돼 혼자 행복해하는 것이 아니라, 자신보다 전자를 더 원하는 염소Cl에게 전자를 주고 두 원소가 같이 행복해지기를 바란다. 그렇다고 나트륨이 전자 하나를 더 주지는 않는다. 염소도 전자 하나 더 달라고 떼를 쓰지 않는다. 각자 필요한 만큼 전자를

주고받는다. 그래서 자연계에는 나트륨이온과 염화이온Cl이 결합한 염화나트륨NaCl으로 이뤄진 소금이 존재한다.

인간 세계도 마찬가지다. 부자들의 재산이 가난한 이들에게 유입될 때 세상은 훨씬 더 밝고 살기 좋아진다. 일부나마 재산을 사회에 환원함으로써 소득 분배가 자연히 이루어지고, 그를 통해 도움을 받은 사람들이 즐거워한다면 베푼 자의 행복감은 무한대로 상승할 것이다. 따라서 기부는 주는 사람에게나 받는 사람에게나 아주 의미 있는 일이다.

캐나다 브리티시컬럼비아 대학의 엘리자베스 던 교수는 소득에 관계없이 다른 사람을 위해 선물을 사거나 자선단체에 기부를 하는 등, 자신보다 다른 사람을 위해 돈을 쓰는 사람이 자신을 위해 돈을 쓴 사람보다 훨씬 더 행복을 느낀다고 말한다. 교수 팀은 미국 성인 630명을 대상으로 연간 가계소득과 월 소비 내역을 조사하면서 행복을 많이 느끼는 순서대로 지출 항목에 1부터 5까지 지수를 매기도록 했는데, 세금이나 자신을 위해 쓴 '사적 지출'보다 다른 사람에게 선물하거나 기부금을 내는 '사회적 지출'에 더 큰 행복을 느끼는 것으로 나타났다. 작은 돈이라도 베풀면 행복해질 수 있다는 사실을 입증한 연구 결과다.

교수 팀은 또 각기 다른 액수의 보너스를 받는 직장인 16명을 대상으로 보너스를 받기 한 달 전과 두 달 뒤에 느끼는 행복감의 차이를 비교해보았다. 이 연구에서도 보너스로 받은 돈 가운데 남을 위해 쓴 돈이 많은 사람들이 더 행복해한 것으로 나타났다. 보너스로 받은 액수는 중요하지 않았다. 보너스가 많고 적고를 떠나 어떻게 쓰느냐가 행복감에 영향을 미쳤다.

또 참가자들에게 5~20달러를 준 다음 절반에게는 그 돈을 자신을 위해 쓰게 하고 나머지 절반에게는 다른 사람을 위해 쓰도록 하는 실험에서도 다른 사람에게 돈을 쓴 사람들이 자신을 위해 쓴 사람들보다 더 행복해한 것으로 나타났다. 던 교수는 "돈을 쓰는 방법을 조금만 바꿔도 우리는 더 행복해질 수 있다"면서 "수입이 많고 적음을 떠나 조금이라도 남을 위해 돈을 쓰는 것이 중요하다"고 강조한다.

우리가 기부하는 1000원, 2000원이 먹을 것이 없거나 약을 살 돈이 없는 사람들에게는 목숨을 유지하게 해주는 생명 줄 역할을 한다. 기부가 생명을 건지는 셈이다.

돈 주고도 살 수 없는 행복, 차라리 베풀면서 얻자. 하루 1000원만 남을 위해 써도 행복이 쑥쑥 커질 것이다.

47.

남의 불행은 진짜 꿀맛이다

골프를 쳐본 사람이라면 알겠지만, 실수 없이 차근차근 스코어를 줄여나가는 동반자만큼 무서운 골퍼는 없다. '언제 저 친구가 실수를 할까' 하고 은근히 기대해보지만 흔들리지 않고 또박또박 쳐나가는 모습에 기가 질리고, 그러다 보면 자신의 샷만 엉망이 되기 일쑤다. 그래서 부러움이 시기심으로 발전하기도 한다. 말로는 "굿 샷~" 하고 외치지만 속마음은 편치 않은 게 내기 골퍼의 솔직한 심정이다.

그렇게 잘 치던 동반자가 어느 날 갑자기 샷에 난조를 보인다면 무슨 생각이 들까? 항상 무너지지 않을 것 같던 그 친구가 드라이버샷을 날렸는데 공이 코스 밖으로 넘어가거나 번번이 빗나간다면 경쟁자의 솔직한 심정은 어떨까? 겉으론 혀를 차면서 아쉬움을 표현하겠지만 아마도 속으로는 '남의 불행은 나의 행복!' 하면서 쾌재를 부를 것이다.

실제로 모든 인간에게는 남의 불행을 기대하는 심리가 숨어 있는 듯하다. 일본에도 "남의 불행은 꿀맛"이라는 속담이 있다. 실제로 이 '놀부 심보'와 같은 말이 맞는지 일본 국립방사과학연구소 타카하시 히데히코 박사 팀이 임상실험을 했다. 그리고 인간은 타인의 불행을 보면 즐거워한다는 사실을 과학적으로 증명했다. 타인의 불행을 봤을 때 우리의 뇌에서 '기쁨'을 관장하는 부위가 활성화돼 쾌락을 느끼는 것으로 나타난 것이다. 특히 이 같은 기쁨은 자신보다 우월해서 강한 질투심을 불러일으키는 상대가 불행한 모습을 보았을 때 배가 됐다.

타카하시 박사 팀은 남이 실패하는 걸 볼 때 '고소함'을 느끼는 것은 맛있는 식사를 할 때 활성화되는 뇌의 보상 부위가 활성화되기 때문이라고 밝혔다. 연구 팀은 학생 19명에게 성적이 좋거나 이성에게 인기가 높은 학생과 평범한 학생이 등장하는 대본을 읽도록 한 뒤 기능성자기공명영상을 통해 뇌가 어떤 반응을 보이는지 측정했다. 그 결과 한 명의 예외도 없이 실험 대상자 전원의 뇌에서 같은 반응이 나타났는데, 성적이나 인기가 좋은 학생이 등장하는 대본을 읽을 때 뇌에서 고통을 관장하는 부위가 활성화됐다.

그런 다음 "연인이 바람을 피웠다" "차가 망가졌다" 등의 불행이 등장인물에게 일어나는 대본을 같은 학생들에게 읽도록 한 뒤 뇌가 어떤 반응을 보이는지 관찰했다. 그 결과 인기가 많은 학생에게 불행한 일이 일어나는 대본을 읽을 때만, 욕구가 채워졌을 때 활동하는 '선체'라는 부위가 활성화됐다. 선체는 신경전달물질인 도파민을 다량 포함한 부위로, 활성화되면 기분이 좋아진다. 연구 팀은 질투의 대상에게 불행이 발생하면 "뇌가 꿀을 먹은 것 같은 상태가 되는 것 같다"고 설명했다.

타카하시 박사는 또 남의 성공을 질시할 때 활성화되는 뇌의 회로가 진짜 육체적 통증을 느낄 때 활성화되는 회로와 동일하다는 사실도 밝혀냈다. 남의 성공과 관련된 정보가 통증 회로에서 처리되는 이유는 주위 사람이 성공한다는 건 상대적으로 자신이 실패할 확률이 높아진다는 것을 뜻하므로, 그들의 성공을 고통스럽게 느끼기 때문이다. 질투의 수위가 높아 아픔을 관장하는 부위가 활성화될수록 상대의 불행에 따른 기쁨도 더 크게 나타났다. 결국 우리는 남의 성공에 배 아파하고 남의 실패에 고소해하게끔 만들어진 셈이다.

그렇다면 과연 남의 불행은 나의 행복일까? 그렇지 않다. 물론 일시적으로 반사이익을 누릴 수는 있다. 하지만 이것은 결국 독이 돼 나 자신에게 되돌아오게 마련이다. 실제로 있었던 예를 하나 들어보면, 1990년대 중반 한 녹즙기 회사가 경쟁사 제품에서 쇳가루가 나온다며 고발했고, 그로 인해 경쟁사는 문을 닫아야 했다. 경쟁사가 무너졌으니 고발한 회사는 떼돈을 벌었을까? 녹즙기 수요는 아예 소멸됐고, 함께 몰락의 길을 걸어야 했다.

남의 불행을 바라는 것이 내가 행복해지는 길은 아니다. 그보다 경쟁 상대를 격려하고 함께 실력을 키워야 자신도 발전한다. 피겨스케이팅 올림픽 금메달리스트인 김연아와 강력한 라이벌 일본의 아사다 마오의 관계가 그렇다. 그들은 건전한 경쟁을 통해 한 차원 높은 스케이팅 실력을 쌓았다. 김연아의 은퇴설이 이슈가 되었을 때 아사다가 "그녀와 다시 대결하고 싶다"고 피력한 것은 진심이었을 것이다. 물론 남의 불행이 내게 뜻밖의 행운으로 작용하는 일도 종종 있다. 상대방 실수나 낭패로 의외의 이득을 챙기는 것은 보통 수지 맞는 일이 아니다. 하지만 이렇게 상대의 헛발질로 얻은 행복은 결코 오래가지 않는다는 걸 기억하자.

48.
음악을 들어라, 두뇌 활동이 활발해진다

대한민국의 수영 역사상 최초로 올림픽에서 금메달을 딴 박태환 선수는 경기 직전까지 헤드폰을 끼고 좋아하는 음악을 듣는 것으로 유명하다. 박태환 선수가 입수 직전까지 헤드폰을 끼는 이유는 오랜 습관이 된 음악 감상으로 긴장을 풀고 마음의 평정심을 찾기 위해서다. 박태환 선수는 "큰 경기에서 긴장하지 않고 제 실력을 발휘할 수 있었던 것은 경기 직전까지 좋아하는 음악을 들은 덕분"이라고 말하기도 했다.

니체가 "근육으로 음악을 듣는다"라고 썼듯, 음악을 들을 때는 신경뿐만 아니라 근육, 호르몬까지 반응한다. 음악은 다양한 신경질환을 치료하는 효과가 있을 뿐만 아니라 마음을 안정시키거나 슬픔을 물리치는 효력이 있다. 이처럼 음악은 인간의 정서에 상당한 영향을 미친다.

몸은 음악에 반응한다. 음악은 즐거운 기분이 들게 한다. 그 즐거움의 정체는 음악과 뇌의 관계를 보면 알 수 있다. 미국 하버드 대학 음악과 뇌연구센터의 연구에 따르면, 자신에게 알맞은 음악을 들으면 음식이나 약물을 섭취하거나 성욕을 느낄 때 반응하는 뇌 부위인 중격의지핵이 자극되어 두뇌 활동이 활발해진다고 한다. 소리를 듣는 청각피질, 기억된 음을 구분하는 해마, 박자를 느끼는 소뇌와 함께 감정을 담당하는 전전두엽 피질이 작동한다. 뇌가 음악과 '화음'을 맞추는 셈이다.

이는 음악의 요소 중 멜로디, 템포, 음조 등이 자율신경계를 자극해 맥박과 심박수에 영향을 미치기 때문이다. 전전두엽 피질은 다음에 어떤 음이 올 거라고 기대하는데, 기대하던 음이 오지 않으면 갈등을 느끼다가 그 음이 오면 만족감과 함께 즐거움을 느끼는 것이다.

물론 한 가지 노래가 모든 사람에게 동일한 효과를 내지는 않는다. 그러나 보편적으로 특정한 감정을 이끌어내는 노래도 있다. 따라서 활력을 되찾아야 할 때는 교감신경을 활성화해 맥박수를 늘려주는 음악을 듣고, 안정을 찾아야 할 때는 부교감신경을 활성화해 맥박수를 줄여주는 음악을 듣는 것이 좋다.

이를테면 스트레스를 받을 때는 조용하고 감미로운 클래식 음악을 들으면 마음이 안정되고, 공부를 할 때는 전통 클래식을 들으면 집중

이 잘된다. 과학적으로 음악의 빠르기 중 모데라토(중간 빠르기)는 보통 사람들의 심박수와 정확히 일치한다고 한다. 따라서 음악이 모데라토보다 빠르면 심장 박동이 빨라지고, 모데라토보다 느리면 심장 박동이 느려진다.

인간은 즐거움을 얻고자 음악을 듣고 친구들과 대화를 나누고 영화를 보고 운동을 한다. 즐거움은 스트레스를 줄이고 엔도르핀 분비를 촉진해 건강하게 살아갈 수 있도록 도와준다. 심지어 지긋지긋한 공부나 일을 할 때도 즐거운 마음가짐으로 덤벼들면 생각했던 것보다 더 좋은 결과를 얻을 수 있다.

시카고 대학 심리학과 진 디세티 교수 팀에 따르면, 자신이 외롭다고 느끼는 사람과 사교적이라고 느끼는 사람은 같은 사진을 보아도 뇌가 다르게 반응한다고 한다. 교수 팀은 여대생 23명에게 전쟁 장면, 돈, 환하게 웃는 사람 등 다양한 모습을 찍은 사진을 보여주며 이들의 뇌를 기능성자기공명영상으로 촬영했다. 그 결과 사교적이라고 느끼는 사람은 외로움을 느끼는 사람보다 웃는 사진을 볼 때 보상 심리를 담당하는 뇌의 '배쪽 줄무늬체'가 더 활성화되는 것으로 나타났다.

반면 외롭다고 느끼는 사람은 상대적으로 보상 영역이 덜 활성화되었다. 외롭다고 느끼는 사람은, 전쟁 사진처럼 고통스러워하는 사람이 찍힌 사진을 보았을 때 뇌의 '측두 두정부위'가 더욱 활성화되었다. 측두 두정부위는 공감이나 주의 집중 등의 역할을 담당한다.

즐거움은 사람이 문제를 해결하는 데 도움을 준다. 정서를 느끼는 전전두엽 피질을 다쳐서 감정을 느끼지 못하는 사람들은 즐거움을 느끼지 못할 뿐만 아니라 복잡한 문제도 해결하지 못한다. 심리학자들은 즐거움을 느끼지 못하면 일을 처리하는 순서를 결정하지 못한다고 한다. 즐거움이 생존에 필요한 판단력과 직결되는 것이다.

즐거움을 느끼는 방법의 하나로 박태환 선수처럼 헤드폰을 끼고 좋아하는 음악을 들으며 혼자 자박자박 걸어보자.

49.

나이 들어서도 꾸준하게 일하라

"심심해서요."

폐지가 가득 담겨 꽤 무거울 법한 리어카를 끌고 가는 옆집 할아버지에게 "형편이 어려운 것도 아닌데 왜 이런 힘든 일을 하시느냐?"고 묻자 할아버지는 이렇게 대답하신다.

벌써 일흔을 훌쩍 넘긴 옆집 할아버지는 하루도 거르지 않고 동네를 돌며 리어카에 빈 박스와 폐지를 주워 담으신다. 약간의 용돈이 생길뿐만 아니라 동네가 깨끗해지고 건강을 유지하는 데도 도움이 되는 일석삼조의 이 일에 재미를 붙이신 것이리라.

이렇듯 자신의 의지로 할 수 있는 일을 찾는 것은 노년의 행복을 키우는 데 도움이 된다. 황혼에도 열정적인 사랑을 나눈 괴테는 "노인의 삶은 상실의 삶이다. 사람은 늙어가면서 건강과 돈, 일과 친구, 그리고 꿈을 상실하기 때문이다"라는 말을 남겼다. 괴테의 말처럼 아무 꿈이 없는 노인의 삶은 정말 그저 늙어가는 삶이 될지 모른다. 하지만 노후에도 열심히 일하면서 살아간다면 그 어느 것도 잃지 않고 풍요로운 황혼을 보낼 수 있다.

우리나라 노인복지법에서는 65세 이상을 노인으로 규정하고 있다. 65세부터는 대중교통을 무료로 이용할 수 있어서 65세를 '지공(지하철 공짜)'이라 명하는 신조어까지 생겨났다. 정부 기관의 사회통계 조사보고서에 따르면, '할 일이 없다'는 고통이 노인들에게 아주 큰 상실감을 안겨준다고 한다.

우리 시대 노인들의 단면을 잠깐 들여다보자. 이른 아침을 먹고 집을 나와 공짜 지하철을 타고 다니며 오전 시간을 보낸 후 무료 급식소가 가까운 역에서 내려 점심을 해결하고 탑골공원에 모여 바둑 몇 판으로 시간을 보내면 해가 기웃, 또다시 공짜 지하철을 타고 집에 오면 무료했던 하루 일과가 끝난다.

이렇다 할 의무와 책임감 없이 주어진 시간을 무료하게 보낼 수밖에 없는 노인들의 단면이다. 이렇듯 은퇴 이후 삶의 중심에서 멀어져 박탈감과 쓸쓸함을 느끼는 노인들에게 '아무 준비 없이 주어진 시간'은 고통의 다른 이름이다. 전문가들은 "평균수명이 늘어나고 있는 오늘날, 여생에 대한 아무런 준비 없이 은퇴를 맞는다면 재앙에 가까운 일"이라며 경제적 준비뿐 아니라 삶을 의미 있고 건강하게 보내려면 소일거리도 준비해야 한다고 말한다.

불과 몇 년 전만 해도 노인이 일하는 것은 자식들에게 누가 되는 일이라고 생각하는 사람이 많았다. 하지만 이제는 사회 분위기가 많이 달라졌다. 요즘 노인들은 여가와 취미 생활로 노후를 좀 더 즐겁게 보내려는 욕구와 생산적 활동에 참여하려는 의지가 높다. 노년에도 일을 하면 일정한 소득을 올릴 수 있을 뿐 아니라 정서적 안정감을 주어 건강에 도움이 되고, 사회에도 기여하는 등 일거삼득의 효과를 얻을 수 있다.

성남시에 위치한 한 요양원에서 실시한 실험 결과는 노년에도 권한과 책임감을 갖는 게 얼마나 중요한지 잘 보여준다. 요양원에서는 노인들에게 화초를 나눠 주면서 한 집단의 노인들에게는 화초를 스스로 돌보게 하고, 다른 집단의 노인들에게는 직원이 화초를 돌볼 거라고 알려줬다. 그리고 6개월 뒤 노인들의 상태를 조사한 결과, 화초를 돌보는 권한을 부여받은 집단의 사망률은 15퍼센트인 반면 방관자 집단의 사망률은 30퍼센트나 됐다. 또한 젊은이들과 정기적으로 대화 시간을 갖게 할 때도 약속 시간을 노인 스스로 결정하게 한 집단은 주어진 시간에 만나는 집단보다 행복도가 높았다.

그런데 이 실험이 끝나면서 화초를 스스로 돌보던 노인들에게 화초 돌보는 일을 멈추게 한 후 수개월이 지나 노인들의 상태를 조사해보았더니, 원래부터 화초를 돌보지 않던 노인들보다 오히려 이들의 사망률이 더 높았다. 권한과 책임감을 빼앗긴 상실감이 너무나 컸기 때문이다. '줬다 뺏을 거면' 안 주느니만 못한 셈이다.

이러한 결과를 보면, 윗사람을 공경하는 우리 사회의 관습이 오히려 노인들을 불행하게 만드는지도 모른다. "어르신들은 그냥 계세요. 저희들이 다 알아서 할 테니까요"라고 말하며 노인들에게 아무런 책임도 권한도 주지 않으면 노인들은 무력감에 빠져 불행해질 수 있다는 얘기다.

은퇴를 앞둔 사람들은 은퇴 후 계획을 구체적으로 세울 필요가 있다. 심리학자들이 조사한 바에 따르면, 행복한 은퇴자들은 직장에서 퇴직한 후 마음껏 돈을 쓰며 휴식을 취하는 사람들이 아니라고 한다. 가장 행복한 은퇴자들은 일을 계속하거나 자원봉사를 하며 그들이 속한 사회에 '봉사'하고 '기여'하는 사람이라고 한다.

해외여행하고 골프를 치며 노는 것도 한 10년 하다 보면 싫증이 나게 된다. 사는 보람이 없으면 20~30년에 달하는 은퇴 기간이 끔찍하게 길게 느껴질 것이다. 그러니 은퇴 전에 소일거리를 미리 찾아두고 사회에 봉사할 방법을 준비해야 한다.

50.

노인을 공경하라, 나이 들수록 지혜로워진다

나이가 들수록 신체가 노화해가는 것은 만고의 진리다. 예부터 사람들은 '불로장생'을 꿈꿔왔지만, 노화는 피할 수 없는 인간의 운명이다. 그래서 인간은 나이가 들수록 힘이 떨어지고 면역체계도 약해지고 모든 장기의 기능이 떨어진다. 하지만 나이가 들수록 점점 자라는 것이 있으니, 바로 지혜다.

지혜는 나이가 들수록 점점 자란다. 그래서 "나이가 들면 지혜가 생긴다Wisdom comes with age"는 서양 속담이나 "옛 어른들 말씀이 하나도 틀린 게 없다"는 속담도 생긴 게 아니겠는가. 아마 살면서 노인들이 젊은이들보다 훨씬 지혜롭다는 느낌을 한두 번쯤은 받아본 적이 있을 것이다. 그런데 이러한 느낌이 그저 느낌에 지나지 않는 것이 아니라 과학적으로 근거 있는 사실이라는 것이 여러 차례 입증되었다.

미국 국립노화연구소NIA의 몰리 왁스터 박사는 노인이 되면 두뇌 활동이 급격히 떨어진다는 우리의 상식과 달리, 나이가 예순이 넘어가도 뇌의 신경세포는 그다지 줄어들지 않는다는 사실을 과학 전문지 〈사이언스〉에 발표했다. 뿐만 아니라, 어른이 된 뒤에도 새로운 신경세포가 계속 싹터 5~10년 전보다 훨씬 희망적이고 긍정적인 견해를 갖게 된다는 놀라운 결과를 내놓았고, 그래서 노인들이 젊은이들보다 훨씬 뛰어난 '사회적 지혜'를 발휘하는 것이라고 덧붙였다.

또 미시간 대학의 연구 팀은 '사회적 지혜'에 관해 구체적으로 연구한 결과를 내놓았다. 사회적 지혜란 살아가면서 맞부딪히는 사회적 갈등을 일으키는 문제에 해답을 제시하는 능력으로, 오직 인간에게만 있는 능력이다.

연구 팀은 먼저 주민 247명을 '25~40세', '41~59세', '60세 이상'의 세 집단으로 나눈 후, 사회적 갈등을 담은 세 가지 상황을 제시하고 해법을 물었다. 그 결과 나이가 많은 집단일수록 사회문제를 해결하는 능력이 뛰어났다. 이런 결과가 나온 이유를 연구 팀은 "노인이 청년보다 추상적 사고나 문제 해결 등에 관여하는 뇌의 전두엽 부분을 더 많이 사용하기 때문"이라고 설명했다.

지능이 가장 높은 동물인 인간은 다른 동물보다 전두엽이 유난히 발달했다. 부피로 따졌을 때 인간의 뇌에서 전두엽이 차지하는 비중은 30퍼센트에 달한다. 반면 동물치고 머리가 뛰어나다고 하는 원숭이

의 뇌에서 전두엽이 차지하는 비중은 9퍼센트에 지나지 않는다. 진화론적 관점에서 볼 때 전두엽은 인간이 수백만 년 전 영장류에서 분리된 후 가장 공을 들여 발달시킨 뇌라고 할 수 있다. 따라서 인간의 두뇌에서 가장 중요한 역할을 하는 전두엽을 노인이 많이 사용한다는 것은 그만큼 복잡한 문제 풀이와 판단을 하는 데 뛰어날 수밖에 없다는 것을 의미한다.

인간은 개별 존재로 놓고 보면 그리 대단한 동물이 아니다. 크고 날카로운 송곳니가 있는 것도 아니고, 할리우드의 액션 배우 아널드 슈워제네거 같은 몇몇을 제외하곤 근육이 그렇게 강한 것도 아니다. 여느 동물처럼 두툼하고 질긴 털가죽이 있는 것도 아니다. 인간의 몸은 종잇장에도 베이는, 연약하기 그지없는 얇은 살갗으로 덮여 있을 뿐이다. 그런데도 인간이 오늘날 만물의 영장으로 군림할 수 있는 것은 바로 고도로 발달한 지능과 상황에 맞게 대처하는 지혜 덕분이다.

물론 나이를 먹을수록 기억력과 정보를 처리하는 속도가 떨어지기 때문에 새로운 지식과 기술을 습득하는 일은 더디고 어려운 게 사실이다. 예를 들어, 컴퓨터도 오래 사용하여 용량이 꽉 차면 가동 속도가 느려지고 반응 시간이 많이 걸리게 마련이다. 마찬가지로 사람도 나이가 들수록 머릿속에 온갖 복잡한 경험과 사례들이 다 입력되므로, 그런 것들을 한번 운전시키려면 그만큼 시간이 많이 걸리고 반응

속도가 느릴 수밖에 없다. 하지만 살아온 시간만큼 많이 축적된 경험과 사례를 한번 쭉 훑으면 다양한 대처 방안이 나오고, 그에 따라 가장 원만한 해결 방안을 내놓게 되는 것이 아닐까?

노인들은 사람의 성격을 빨리 간파한다고 한다. 상대가 정직한 사람인지 아닌지를 젊은이들보다 쉽게 파악한다는 것이다. 또 주변 사람과 깊은 관계를 맺으며 인생을 맛보려 하기 때문에 인간관계를 돈독히 하고, 사람들 사이에서 발생하는 갈등을 해소하는 능력도 젊은이들보다 앞선다. 또한 노인들은 문제를 긍정적으로 바라보고 긍정적인 순간을 더 잘 기억한다.

그 때문인지, 노인들은 자신이 행복하다고 느끼는 경향이 높다. 자신보다 몸이 더 아픈 사람이나 이미 죽은 사람과 비교하면서 자신은 그래도 행복한 사람이라고 스스로를 위로하며 현재의 순간을 의미 있고 가치 있는 시간으로 만든다. 이것이 살아가는 지혜가 아니고 무엇이겠는가.

수원대 이주향 교수는 "꽃이 피는 것이 본성이라면 지는 것도 본성"이라며 "늙음의 미학을 모르는 사회가 어떻게 지혜를 알겠는가"라고 반문한다. 나이는 기억력을 가져간 자리에 대신 통찰력을 놓고 간다.

행복은 당신의 일상 속에 있다

"행복하세요?"라는 질문에 자신 있게 "네!" 하고 대답할 수 있는 사람이 얼마나 될까?

내 마음속 풍경, 내 마음의 만족도를 표현하는 것임에도 아마 한참을 생각해야 답이 나올 듯싶다. 특히 우리나라 국민은 더 뜸을 들일 듯하다. 각종 기관에서 조사한 우리나라 국민의 행복 지수를 보면 이 말에 공감이 갈 것이다.

2010년 미국 경제주간지 〈포브스〉가 갤럽에 의뢰한 조사에서 우리나라 국민의 행복도는 세계 56위로 나타났다. 당시 경제 위기에 빠진 그리스(50위)나 내전 상황에 처한 코소보(54위), 그리고 세계 최빈국으로 꼽히는 니카라과(52위)보다도 못한 순위였다. 2009년에도 비슷한 결과가 국내에 알려진 바 있다. 2009년 영국 신경제재단NEF의 국가별 행복 지수HPI 조사에서 우리나라는 68위를 기록했다. 역시 독재국가인 미얀마(39위)나 내전을 겪고 있던 스리랑카(22위)가 우리나라보다 '행복한 나라'라는, 상당히 충격적인 결과였다.

물론 행복을 객관적으로 수치화하는 것은 불가능에 가까운 일이다. 기본적으로 주관적인 문제인 데다 발표하는 곳마다 편차도 크다. 그래도 이러한 조사 결과를 통해 알 수 있는 분명한 점이 있다. 바로 국내총생산GDP과 국민의 행복은 정비례하지 않는다는 '진실', 또 우리나라 국민들이 경제 수준만큼의 행복을 누리지 못하고 있다는 '사실'이다.

왜 이런 결과가 나왔을까? 행복 과학 분야의 세계적 권위자인 일리노이 대학 에드 디너 교수의 말에서 그 해답을 찾을 수 있다. 그는 "한국은 지나치게 물질 중심적이고, 사회관계의 질이 낮다. 이는 한국의 낮은 행복도와 밀접한 관련이 있다. 특히 물질중심주의적 가치관은 최빈국인 짐바브웨보다 심하다"면서 "한국 사회가 이 상태로 간다면 경제적으로 더 잘살게 되더라도 행복도는 증가하지 않을 것"이라고 말한다.

한국인에게는 정말 물질이 삶의 중심인 것 같다. "부자 되세요"라는 이상한 인사에서도 드러나지만, 경제와 경쟁이라는 지고한 목적이 우리 삶을 온통 도구화한다. 보수와 안정성을 보고 직업을 선택하고, 일중독이면서도 일하는 기쁨을 모르고 그저 돈을 벌고자 뛴다. 일에 쫓기며 바쁘게 살면서 삶을 희생하는 것이 우리의 일상이다. 그렇게 사는 것이 또 제대로 잘 사는 것인 줄 안다.

근사한 집, 멋있는 옷, 세련된 헤어스타일. 이러한 것들은 모두 돈만 있으면 가질 수 있다. 건축가, 의상 디자이너, 헤어 디자이너에게 일정한 비용을 지불하기만 하면 되기 때문이다. 그렇지만 아무리 많은 돈을 준다 해도 내게 행복을 선사해줄 수 있는 전문가는 이 세상 어디에도 없다. 그래서 "행복은 돈 주고도 못 산다"는 말이 있지 않은가. 내 행복은 오로지 나 자신이 가꾸어갈 수밖에 없다.

그럼 행복은 어디서 오는 걸까? 행복은 단순히 돈을 더 벌거나 많은 물건을 사들인다고 저절로 따라오는 게 아니다. 미국 버지니아 대학의 심리학과 교수인 조너선 하이트는 "인간의 행복은 '사이'에서 비롯된다"고 설명한다. 나와 가족, 나와 친구, 나와 일, 나와 관계된 사람들, 즉 나를 중심으로 한 관계에서 비롯된다는 얘기다.

굳이 아리스토텔레스의 "인간은 사회적 동물이다"라는 말을 빌리지 않더라도, 우리는 인간이 혼자서는 살아갈 수 없다는 사실을 잘 안다. 우리는 이런저런 관계를 맺으며 살아간다. 좋은 사회관계를 맺는 것이 담배를 끊는 것보다 건강에 더 큰 효과가 있다는 연구 결과도 있다. 또 좋은 인간관계를 맺은 사람일수록 수술 후 회복 속도가 빠르고, 우울증과 불안장애에 빠질 확률이 낮다.

그런데 우리가 사회에서 맺는 인간관계는 어떤가. 대부분 너무 가까이도 너무 멀리도 하지 않은 '불가원 불가근'의 관계를 유지한다. 이래서는 어떤 행복도 느낄 수 없다. 모든 관계를 얼마나 잘 맺느냐에 따라 우리의 행복은 물론이거니와 인생의 성패가 결정된다고 해도 과언이 아니다. 물론 인생의 성패를 판단하는 기준도 행복을 판단하는 기준과 마찬가지로 사람들의 가치관에 따라 달라질 수는 있겠지만, 어쨌든 요즘 세상에서는 인간관계가 참 중요해진 것만큼은 분명하다.

그렇다고 좋은 인간관계 하나만으로 행복해질 수 있는 건 아니다. 여기에 기부를 많이 하는 사람들이 행복도가 더 높다. 실제로 자선구

호재단CAF에서 기부 비율을 GDP, 행복도와 연관시켜 분석한 조사 결과, 부자 국가의 국민들보다는 행복도가 높은 국가의 국민들이 기부 비율이 높은 것으로 나타났다. 나눔이 곧 '웰빙'인 것이다.

이는 과학적으로 증명된 진실이기도 하다. 독일 언론인 토마스 람게는 저서『행복한 기부-Nach der Ego-Gesellschaft』에서 미국 버클리 대학의 조사 결과를 소개하는데, 자원봉사를 하는 노인들이 다른 노인들보다 사망률이 63퍼센트나 낮은 것으로 나타났다고 한다.

우리는 좋은 차를 타면, 좋은 음식을 먹으면, 좋은 옷을 입으면, 좋은 집에서 살면, 현금을 쌓아두면 행복해질 거라고 착각한다. 그래서 좀 더 좋은 차를 타고, 더 좋은 음식을 먹고, 더 좋은 옷을 입고, 더 좋은 집에서 살기 위해 '목숨을 걸고' 일한다. 그러나 안타깝게도 이런 것들로 아무리 채우고 또 채워도 사람의 욕심은 결코 채워지지 않는다. 욕망을 채우는 방식으로는 결코 행복해질 수 없다는 말이다.

돈으로 '편안함'을 얻을 수는 있지만 '평안함'을 얻을 수는 없다. 채우기보다는 덜어내는 삶에 만족하며 살아갈 때 행복과 평안을 얻을 수 있다. 작은 일에 행복을 느낄 줄 알 때, 가정이 단란하고 이웃끼리 다정할 때 나와 이 사회는 분명히 행복해진다. 이 책이 독자들이 이러한 행복과 평안을 얻는 데 조금이라도 도움이 되었길 바란다.